Rubén Darío

Los raros

Barcelona **2024**
Linkgua-ediciones.com

Créditos

Título original: Los raros.

© 2024, Red ediciones S.L.

e-mail: info@linkgua-ediciones.com

Diseño de cubierta: Michel Mallard.

ISBN rústica: 978-84-9007-322-3.
ISBN ebook: 978-84-9007-323-0.

Cualquier forma de reproducción, distribución, comunicación pública o transformación de esta obra solo puede ser realizada con la autorización de sus titulares, salvo excepción prevista por la ley. Diríjase a CEDRO (Centro Español de Derechos Reprográficos, www.cedro.org) si necesita fotocopiar, escanear o hacer copias digitales de algún fragmento de esta obra.

Sumario

Créditos _____ 4

Brevísima presentación _____ 7
    La vida _____ 7

Prólogo _____ 9

El arte en silencio _____ 11

Edgar Allan Poe _____ 16
    1. El hombre _____ 19

Leconte de Lisle _____ 26

Paul Verlaine _____ 40

El conde Matías Augusto de Villiers de L'isle Adam _____ 45

Léon Bloy _____ 55

Jean Richepin _____ 64

Jean Moréas _____ 72

Rachilde _____ 86

George d'esparbès _____ 95

Augusto de Armas _____ 101

Laurent Tailhade _____ 104

Fra Domenico Cavalca _____ 110

Eduardo Dubus _____ 117

Teodoro Hannon _____ 128

El «conde de Lautréamont» _____ 133

Paul Adam _____ 138

Max Nordau _____ 143

Enrique Ibsen _____ 152

José Martí _____ 163

Eugenio de Castro _____ 172

Libros a la carta _____ 191

Brevísima presentación

La vida

Félix Rubén García Sarmiento (Rubén Darío) (San Pedro de Metapa, 1867-1916), Nicaragua.

Era hijo de Manuel García y Rosa Sarmiento; nació el 18 de enero de 1867. En 1881 escribió artículos para el periódico político La Verdad y poco después se fue a El Salvador y dio clases de gramática.

Regresó a Nicaragua en 1883 y hacia 1890 se casó en El Salvador con Rafaela Contreras, con la que tuvo un hijo, Rubén Darío Contreras. Ésta murió en 1893 y ese mismo año se casó con Rosario Murillo.

En 1892 Darío viajó a España, en nombre del gobierno de Nicaragua, para la celebración del 400 aniversario de la conquista de América. Un año más tarde, en 1893, empezó su carrera como diplomático en América y Europa y conoció en Madrid a Francisca Sánchez, quien fue por mucho tiempo su inspiración.

Durante años recorrió Europa enviado por el periódico *La Nación*. Volvió a Nicaragua en 1907 y fue recibido con honores y nombrado ministro residente en España. Vivió otra vez en Europa hasta 1915, año en que regresó a América invitado por el presidente de Guatemala.

Murió el 6 febrero de 1916 en Nicaragua.

Los raros (1896) es un libro de ensayos y perfiles que Rubén Darío dedicó a autores contemporáneos suyos, o anteriores, portadores de su misma estética. Eran, más que «raros», extraños, novedosos, habían venido para proponer lo que el poeta nicaragüense quería: crear una sensibilidad distinta. Poe, Martí, Lugones, Gómez Carrillo entre otros son diseccionados por Darío.

Prólogo

Fuera de las notas sobre Mauclair y Adam, todo lo contenido en este libro fue escrito hace doce años, en Buenos Aires, cuando en Francia estaba el simbolismo en pleno desarrollo. Me tocó dar a conocer en América ese movimiento y por ello y por mis versos de entonces, fui atacado y calificado con la inevitable palabra «decadente...» Todo eso ha pasado —como mi fresca juventud.

Hay en estas páginas mucho entusiasmo, admiración sincera, mucha lectura y no poca buena intención. En la evolución natural de mi pensamiento, el fondo ha quedado siempre el mismo. Confesaré, no obstante, que me he acercado a algunos de mis ídolos de antaño y he reconocido más de un engaño de mi manera de percibir.

Restan la misma pasión de arte, el mismo reconocimiento de las jerarquías intelectuales, el mismo desdén de lo vulgar y la misma religión de belleza. Pero una razón autumnal ha sucedido a las explosiones de la primavera.

Rubén Darío.
París, enero de 1906.

El arte en silencio
No se ha hecho mucho comentario sobre L'*Art en silence*, de Camilo Mauclair, como era natural. ¡El *Arte en silencio*, en el país del ruido! así debía ser. Y pocos libros más llenos de bien, más hermosos y más nobles que éste, fruto de joven, impregnado de un perfume de cordura y de un sabor de siglos. Al leerle, he aquí el espectáculo que se ha presentado a mi imaginación: un campo inmenso y preparado para la labor; un día en su más bello instante, y un labrador matinal que empuja fuertemente su arado, orgulloso de que su virtud triptolémica trae consigo la seguridad de la hora de paz y de fecundidad de mañana. En la confusión de tentativas, en la lucha de tendencias, entre los juglarismos de mal convencidos apóstoles y la imitación de titubeantes sectarios, la voz de este digno trabajador, de este sincero intelectual, en el absoluto sentido del vocablo, es de una trascendental vibración. No puede haber profesión de fe más transparente, más noble y más generosa.

«Creo en la vanidad de las prerrogativas sociales de mi profesión y del talento por sí mismo. Creo en la misión difícil, agotadora y casi siempre ingrata del hombre de letras, del artista, del circulador de ideas; creo que, el hombre que en nombre del talento que Dios le ha prestado, descuida su carácter y se juzga exonerado de los deberes urgentes de la existencia humana, desobedece a la humanidad y es castigado. Creo en la aceptación de todos los deberes por la ayuda de la caridad y del orgullo; creo en el individualismo artístico y social. Creo que el arte, ese silencioso apostolado, esa bella penitencia escogida por algunos seres cuyos cuerpos les fatigan e impiden más que a otros encontrar lo infinito, es una obligación de honor que es necesario llenar, con la más seria, la más circunspecta probidad; que hay buenos o malos artistas, pero que no tenemos que juzgar sino a los mentirosos, y los sinceros serán premiados en el altísimo cielo de la paz, en tanto que los brillantes, los satisfechos, los mentirosos, serán castigados. Creo todo eso, porque ya he visto pruebas alrededor mío, y porque he sentido la verdad en mí mismo, después de haber escrito varios libros, no sin sinceridad ni trabajo, pero con la confianza precipitada de la juventud.»

En efecto, ¿quiénes habrían podido prever, en el autor de tantas páginas de ensueños —«corona de claridad» o «sonatitas de otoño»— este rumbo hacia un ideal de moral absoluta, en las regiones verdaderamente intelectuales donde no hay ninguna necesidad de hacer ruido para ser escuchado? Él ha agrupado en este sano volumen a varios artistas aislados, cuya existencia y cuya obra pueden servir de estimulantes ejemplos en la lucha de las ideas y de las aspiraciones mentales. Mallarmé, Edgar Poe, Flaubert, Rodenbach, Puvis de Chavannes y Rops, entre los muertos, y señaladas y activas energías jóvenes. Antes, conocidos son sus ensayos magistrales, de tan sagaz ideología, sobre Jules Laforgue y Auguste Rodin.

Cada día se afirma con mayor brillo la gloria ya sin sombras de Edgar Poe, desde su prestigiosa introducción por Baudelaire, coronada luego por el espíritu trascendentalmente comprensivo y seductor de Stephane Mallarmé. Mas entre lo mucho que se ha escrito respecto al desgraciado poeta norteamericano, muy poco llegará a la profundidad y belleza que se contienen en el ensayo de Mauclair. Es un bienhechor capítulo sobre la psicología de la desventura, que producirá en ciertas almas el bien de una medicina, la sensación de una onda cordial y vigorizante. Luego el espíritu penetrante y buscador, hace ver con luz nueva la ideología poeana, y muchos puntos que antes pudieran aparecer velados u oscuros, se ven en una dulce semiluz de afección que despide la elevada y pura estética del comentarista.

Una de las principales bondades es la de borrar la negra aureola de hermosura un tanto macabra, que las disculpas de la bohemia han querido hacer aparecer alrededor de la frente del gran yanqui. En este caso, como en otros, como en el de Musset, como en el de Verlaine, por ejemplo, el vicio es malignamente ocasional, es el complemento de la fatal desventura. El genio original, libre del alcohol, u otro variativo semejante, se desenvolvería siempre, siendo, en esa virtud, sus floraciones, libres de oscuridades y trágicas miserias. En resumen, Poe queda para el ensayista, «sin imitadores y sin antecesores, un fenómeno literario y mental, germinado espontáneamente en una tierra ingrata, místico purificado por ese dolor del que ha dado la inolvidable transposición, levantado en ultramar, entre Emerson misericordioso y Whitman profético, como un interrogador del porvenir».

De Flaubert —ese vasto espectáculo— presenta una nueva perspectiva. La suma de razonamientos nos conduce a este resultado: «Flaubert no tiene de realista sino la apariencia, de artista impasible la apariencia, de romántico la apariencia. Idealista, cristiano y lírico, he ahí sus rasgos esenciales». Y las demostraciones son llevadas por medio de la amable e irresistible lógica de Mauclair, que nos presenta la figura soberbia del «buen gigante», por ese aspecto que permanece ya definitivo. Es también de un fin reconfortante, por el ejemplo de voluntad y de sufrimientos, en la pasión invencible de las letras, la enfermedad de la forma, soportada por otros dones de fortaleza y de método.

Sobre Mallarmé la lección es todavía de una virtud que concreta una moral superior. ¿Acaso no va ya destacándose en toda su altura y hermosura ese poeta a quien la vida no consentía el triunfo, y hoy baña la gloria, «el Sol de los muertos», con su dorada luz?

La simbólica representación está en la gráfica idea de Félicien Rops: el arpa ascendente, a la cual tienden, en el éter, innumerables manos de lo invisible. La honorabilidad artística, el carácter en lo ideal, la santidad, si posible es decir, del sacerdocio, o misión de belleza, facultad inaudita que halló su singular representación en el maravilloso maestro, que a través del silencio, fue hacia la inmortalidad. Una frase de madame Perier en su *Vida de Pascal*, sirve de epígrafe al ensayo afectuoso, admirable y admirativo, justo, consagrado al doctor de misterio: «Nous n' avons su toutes ces choses qu' apres sa morte».

La estética mallarmeana por esta vez ha encontrado un expositor que se aleje de las fáciles tentativas de un Wisewa, de las exégesis divertidas de varios teorizantes, como de las blindadas oposiciones de la retórica escolar, o lo que es peor, junto a la burda risa de una enemistad que no razona, la embrolladora disertación de mas de un pseudodiscípulo.

Las páginas dedicadas a Rodenbach, con quien la juventud le une más cercanamente, en una afección artística fraternal, mitigan su tristeza en la afirmación de un generoso y sereno carácter, de una vida como autumnal, iluminados crepuscularmente de poesía y de gracia interior. «Le hemos conocido irónico, entusiasta, espiritual y nervioso; pero era, ante todo, un melancólico, aun en la sonrisa. Le sentíamos menos extraño por su voz y ciertos signos exteriores, que lejano por una singular facultad de reserva. Ese cordial era aislado de alma. Había en esa faz rubia y fina, en esa boca fina, en esos ojos atrayentes, una languidez y un fatalismo que no dejaban de extrañar.

Es feliz, pensábamos, y, sin embargo, ¿qué tiene? Tenía el gusto atento y la comprensión de la muerte. Se detenía en el dintel de la existencia, y no entraba, y desde ese dintel nos miraba a todos con una tristeza profundamente delicada. Ha vuelto a tomar el camino eterno: era un transeúnte encantador que no ha dicho todo su pensamiento en este mundo. Estaba "hanté" por su misticismo minucioso y extraño, evocaba todo lo que está difunto, recogido, purificado por la inmóvil palidez de los reposos seculares. Llevaba por todas partes su claustro interior, y si ha deseado ser enterrado en esa Bruges que amó tanto, puede decirse que su alma estaba dormida ya en la pacífica belleza de una muerte armoniosa.» Decid si no es este camafeo de un encanto sutil y revelador, y si no se ve a su través el alma melancólica del malogrado animador de *Bruges la muerta*. Estos párrafos de Mauclair son comparables, como retrato, en la transposición de la pintura a la prosa, al admirable pastel en que perpetúa la triste faz del desaparecido, el talento comprensivo de Levy Dhurmer.

Algunos vivos, son también presentados y estudiados, y entre ellos uno que representa bien la fuerza, la claridad, la tradición del espíritu francés, del alma francesa, el talento más vigoroso de los actuales escritores de este país.

He nombrado a Paul Adam. Así sobre Elemir Bourges de obra poco resonante, pero muy estimado por los intelectuales, consagra algunas notas, como sobre Léon Daudet.

La parte que denomina «El crepúsculo de las técnicas», debía traducirse a todos los idiomas y ser conocida por la juventud literaria que en todos los países busca una vía, y mira la cultura de Francia y el pensamiento francés, como guías y modelos. Es la historia del simbolismo, escrita con toda sinceridad y con toda verdad; y de ella se desprenden utilísimas lecciones, enseñanzas cuyo provecho es inmediato, así el estudio sobre el sentimentalismo literario, en que el alma de nuestro siglo está analizada con penetración y cordura a la luz de una filosofía amplia y generosa, poco conocida en estos tiempos de egotismos superhombríos y otras nieztschedades. No sabría alabar suficientemente los capítulos sobre arte, y el homenaje a altos artistas —artistas en silencio— como Puvis y Felician[1] Rops, Gustave Moreau

---

1   Se refiere al pintor belga Félicien Rops (833-1898).

y Besnard, así como los fragmentos de otros estudios y ensayos que ayudan en el volumen a la comprensión, al peso, y para decirlo con mi sentimiento, a la simpatía que se experimenta por un sincero, por un laborioso, por un verdadero y grande expositor de saludables ideas, que es al propio tiempo, él también, un señalado, uno que ha hallado su rumbo cierto, y como él gustará que se le llame, un artista silencioso.

Edgar Allan Poe
En una mañana fría y húmeda llegué por primera vez al inmenso país de los Estados Unidos. Iba el steamer despacio, y la sirena aullaba roncamente por temor de un choque. Quedaba atrás Fire Island con su erecto faro; estábamos frente a Sandy Hook, de donde nos salió al paso el barco de sanidad. El ladrante slang yanqui sonaba por todas partes, bajo el pabellón de bandas y estrellas. El viento frío, los pitos arromadizados, el humo de las chimeneas, el movimiento de las máquinas, las mismas ondas ventrudas de aquel mar estañado, el vapor que caminaba rumbo a la gran bahía, todo decía: *all right!* Entre las brumas se divisaban islas y barcos. Long Island desarrollaba la inmensa cinta de sus costas, y Staten Island, como en el marco de una viñeta, se presentaba en su hermosura, tentando al lápiz, ya que no, por la falta de Sol, la máquina fotográfica. Sobre cubierta se agrupan los pasajeros: el comerciante de gruesa panza, congestionado como un pavo, con encorvadas narices israelitas: el clergyman huesoso, enfundado en su largo levitón negro, cubierto con su ancho sombrero de fieltro, y en la mano una pequeña Biblia; la muchacha que usa gorra de jockey y que durante toda la travesía ha cantado con voz fonográfica, al son de un banjo; el joven robusto, lampiño como un bebé, y que, aficionado al box, tiene los puños de tal modo, que bien pudiera desquijar un rinoceronte de un solo impulso... En los Narrows se alcanza a ver la tierra pintoresca y florida, las fortalezas. Luego, levantando sobre su cabeza la antorcha simbólica, queda a un lado la gigantesca Madona de la Libertad, que tiene por peana un islote. De mi alma brota entonces la salutación: «A ti, prolífica, enorme, dominadora. A ti, Nuestra Señora de la Libertad. A ti, cuyas mamas de bronce alimentan un sinnúmero de almas y corazones. A ti, que te alzas solitaria y magnífica sobre tu isla, levantando la divina antorcha. Yo te saludo al paso de mi steamer, prosternándome delante de tu majestad. ¡Ave: Good morning! Yo sé, divino icono, ¡oh magna estatua!, que tu solo nombre, el de la excelsa beldad que encarnas, ha hecho brotar estrellas sobre el mundo, a la manera del fiat del Señor. Allí están entre todas, brillantes sobre las listas de la bandera, las que iluminan el vuelo del águila de América, de esta tu América formidable, de ojos azules. ¡Ave, Libertad, llena de fuerza!; el Señor es contigo: bendita tú eres. Pero, ¿sabes?, se te ha herido mucho por el

mundo, divinidad, manchando tu esplendor. Anda en la Tierra otra que ha usurpado tu nombre, y que, en vez de la antorcha, lleva la tea. Aquella no es la Diana sagrada de las incomparables flechas: es Hécate».

Hecha mi salutación, mi vista contempla la masa enorme que está al frente, aquella tierra coronada de torres, aquella región de donde casi sentís que viene un soplo subyugador y terrible: Manhattan, la isla de hierro; Nueva York, la sanguínea, la ciclópea, la monstruosa, la tormentosa, la irresistible capital del cheque. Rodeada de islas menores, tiene cerca a Jersey, y agarrada a Brooklyn, con la uña enorme del puente; Brooklyn, que tiene sobre el palpitante pecho de acero un ramillete de campanarios.

Se cree oír la voz de Nueva York, el eco de un vasto soliloquio de cifras. ¡Cuán distinta de la voz de París, cuando uno cree escucharla, al acercarse, halagadora como una canción de amor, de poesía y de juventud! Sobre el suelo de Manhattan parece que va a verse surgir de pronto un colosal Tío Samuel, que llama a los pueblos todos a un inaudito remate, y que el martillo del rematador cae sobre cúpulas y techumbres, produciendo un ensordecedor trueno metálico. Antes de entrar al corazón del monstruo, recuerdo la ciudad que vio en el poema bárbaro el vidente Thogorma:

> Thogorma dans ses yeux vit monter des murailles
> De fer d'où s'enroulaient des spirales de tours
> Et de palais cerclés d'airain sur des blocs lourds;
> Ruche énorme, gékenne aux lugubres entrailles
> Où s'engouffraient les Forts, princes des anciens jours.

Semejantes a los fuertes de los días antiguos, viven en sus torres de piedra, de hierro y de cristal, los hombres de Manhattan.

En su fabulosa Babel, gritan, mugen, resuenan, braman, conmueven la Bolsa, la locomotora, la fragua, el Banco, la imprenta, el dock y la urna electoral. El edificio Produce Exchange, entre sus muros de hierro y granito, reúne tantas almas cuantas hacen un pueblo... He allí Broadway. Se experimenta casi una impresión dolorosa; sentís el dominio del vértigo. Por un gran canal cuyos lados los forman casas monumentales que ostentan sus cien ojos de vidrios y sus tatuajes de rótulos, pasa un río caudaloso, confuso, de comerciantes, corredores, caballos, tranvías, ómnibus, hombres sandwichs vestidos de anuncios, y mujeres bellísimas. Abarcando con la vista la inmensa arteria en su hervor continuo, llega a sentirse la angustia de ciertas pesadillas. Reina la vida del hormiguero: un hormiguero de percherones gigantescos, de carros monstruosos, de toda clase de vehículos. El vendedor de periódicos, rosado y risueño, salta como un gorrión de tranvía en tranvía, y grita al pasajero: «Intanrsoonwood!», lo que quiere decir si gustáis comprar cualquiera de esos tres diarios: el *Evening Telegram*, el *Sun* o el *World*. El ruido es mareador y se siente en el aire una trepidación incesante; el repiqueteo de los cascos, el vuelo sonoro de las ruedas, parece a cada instante aumentarse. Temeríase a cada momento un choque, un fracaso, si no se conociese que este inmenso río que corre con una fuerza de alud lleva en sus ondas la exactitud de una máquina. En lo más intrincado de la muchedumbre, en lo más convulsivo y crespo de la ola de movimiento, sucede que una lady anciana, bajo su capota negra o una miss rubia, o una nodriza con su bebé, quiere pasar de una acera a otra. Un corpulento policeman alza la mano; detiénese el torrente; pasa la dama; *all right!*

«Esos cíclopes...», dice Groussac. «Esos feroces calibanes...», escribe Péladan. ¿Tuvo razón el raro Sar al llamar así a estos hombres de la América del Norte? Calibán reina en la isla de Manhattan, en San Francisco, en Boston, en Washington, en todo el país. Ha conseguido establecer el imperio de la materia desde su estado misterioso con Edison hasta la apoteosis del puerco, en esa abrumadora ciudad de Chicago. Calibán se satura de whisky, como en el drama de Shakespeare de vino; se desarrolla y crece; y sin ser esclavo de ningún Próspero, ni martirizado por ningún genio del aire, engorda y se multiplica; su nombre es Legión. Por voluntad de Dios suele brotar de entre esos poderosos monstruos algún ser de superior naturaleza que tiende las alas a la eterna Miranda de lo ideal. Entonces, Calibán mueve contra él a Sicorax, y se le destierra o se le mata. Esto vio el mundo con Edgar Allan Poe, el cisne desdichado que mejor ha conocido el ensueño y la muerte...

¿Por qué vino tu imagen a mi memoria, Stella, Alma, dulce reina mía, tan presto ida para siempre, el día en que, después de recorrer el hirviente Broadway, me puse a leer los versos de Poe, cuyo nombre de Edgar, armonioso y legendario, encierra tan vaga y triste poesía, y he visto desfilar la procesión de sus castas enamoradas a través del polvo de plata de un místico ensueño? Es porque tú eres hermana de las filiales vírgenes cantadas en brumosa lengua inglesa por el soñador infeliz, príncipe de los poetas malditos. Tú, como ellas, eres llama del infinito amor. Frente al balcón, vestido de rosas blancas, por donde en el Paraíso asoma tu faz de generosos y profundos ojos, pasan tus hermanas y te saludan con una sonrisa, en la maravilla de tu virtud, ¡oh mi ángel consolador, oh mi esposa! La primera que pasa es Irene, la dama brillante de palidez extraña, venida de allá, de los mares lejanos; la segunda es Eulalia, la dulce Eulalia, de cabellos de oro y ojos de violeta, que dirige al cielo su mirada; la tercera es Leonora, llamada así por los ángeles, joven y radiosa en el Edén distante: la otra es Frances, la amada que calma las penas con su recuerdo; la otra es Ulalume, cuya sombra yerra en la nebulosa región de Weir, cerca del sombrío Lago de Auber; la otra, Helen, la que fue vista por la primera vez a la luz de perla de la Luna; la otra, Annie, la de los ósculos y las caricias y oraciones por el adorado; la otra, Anabel Lee, que amó con un amor envidia de los serafines del cielo; la otra, Isabel, la de los amantes coloquios en la claridad lunar; Ligeia, en fin, meditabunda, envuelta en un velo de extraterrestre esplendor... Ellas son, cándido coro de ideales oceánidas, quienes consuelan y enjugan la frente al lírico Prometeo amarrado a la montaña Yanqui, cuyo cuervo, más cruel aún que el buitre esquiliano, sentado sobre el busto de Palas, tortura el corazón del desdichado, apuñalándose con la monótona palabra de la desesperanza. Así tú para mí. En medio de los martirios de la vida, me refrescas y alientas con el aire de tus alas, porque si partiste en tu forma humana al viaje sin retorno, siento la venida de tu ser inmortal, cuando las fuerzas me faltan o cuando el dolor tiende hacia mí el negro arco. Entonces, Alma, Stella, oigo sonar cerca de mí el oro invisible de tu escudo angélico. Tu nombre luminoso y simbólico surge en el cielo de mis noches como un incomparable guía y por tu claridad inefable llevo el incienso y la mirra a la cuna de la eterna Esperanza.

1. El hombre
La influencia de Poe en el arte universal ha sido suficientemente honda y trascendente para que su nombre y su obra no sean a la continua recor-

dados. Desde su muerte acá, no hay año casi en que, ya en el libro o en la revista, no se ocupen del excelso poeta americano críticos, ensayistas y poetas. La obra de Ingram iluminó la vida del hombre; nada puede aumentar la gloria del soñador maravilloso. Por cierto que la publicación de aquel libro cuya traducción a nuestra lengua hay que agradecer al señor Mayer, estaba destinada al grueso público.

¿Es que en el número de los escogidos, de los aristócratas del espíritu, no estaba ya pesado en su propio valor el odioso fárrago del canino Griswold? La infame autopsia moral que se hizo del ilustre difunto debía tener esa bella protesta. Ha de ver ya el mundo libre de mancha al cisne inmaculado.

Poe, como un Ariel hecho hombre, diríase que ha pasado su vida bajo el flotante influjo de un extraño misterio. Nacido en un país de vida práctica y material, la influencia del medio obra en él al contrario. De un país de cálculo brota imaginación tan estupenda. El don mitológico parece nacer en él por lejano atavismo y vese en su poesía un claro rayo del país de Sol y azul en que nacieron sus antepasados. Renace en él el alma caballeresca de los Le Poer alabados en las crónicas de Generaldo Gambresio. Arnoldo Le Poer lanza en la Irlanda de 1327 este terrible insulto al caballero Mauricio de Desmond: «Sois un rimador». Por lo cual se empuñan las espadas y se traba una riña que es el prólogo de guerra sangrienta. Cinco siglos después, un descendiente del provocativo Arnoldo glorificará a su raza, erigiendo sobre el rico pedestal de la lengua inglesa, y en un nuevo mundo, el palacio de oro de sus rimas.

El noble abolengo de Poe, ciertamente, no interesa sino a «aquellos que tienen gusto de averiguar los efectos producidos por el país y el linaje en las peculiaridades mentales y constitucionales de los hombres de genio», según las palabras de la noble señora Whitman. Por lo demás, es él quien hoy da valer y honra a todos los pastores protestantes, tenderos, rentistas o mercachifles que lleven su apellido en la tierra del honorable padre de su patria, Jorge Washington.

Sábese que en el linaje del poeta hubo un bravo sir Rogerio, que batalló en compañía de Strongbow; un osado sir Arnoldo, que defendió a una lady acusada de bruja; una mujer heroica y viril, la célebre «condesa» del tiempo de Cromwell; y pasando sobre enredos genealógicos antiguos, un general de los Estados Unidos, su abuelo. Después de todo, ese ser trágico, de historia tan extraña y romancesca, dio su primer vagido entre las coronas marchitas de una comedianta, la cual le dio vida bajo el imperio del más ardiente amor. La pobre artista había quedado huérfana desde muy tierna edad. Amaba el teatro, era inteligente y bella, y de esa dulce gracia nació el pálido y melancólico visionario que dio al arte un mundo nuevo.

Poe nació con el envidiable don de la belleza corporal. De todos los retratos que he visto suyos, ninguno da idea de aquella especial hermosura que en descripciones han dejado muchas de las personas que le conocieron. No hay duda que, en toda la iconografía poeana, el retrato que debe representarle mejor es el que sirvió a míster Clarke para publicar un grabado que copiaba al poeta en el tiempo en que éste trabajaba en la empresa de aquel caballero. El mismo Clarke protestó contra los falsos retratos de Poe que después de su muerte se publicaron. Si no tanto como los que calumniaron su hermosa alma poética, los que desfiguran la belleza de su rostro son dignos de la más justa censura. De todos los retratos que han llegado a mis manos, los que más me han llamado la atención son el de Chiffart, publicado en la edición ilustrada de Quantín, de los *Cuentos extraordinarios*, y el grabado por R. Lonrup para la traducción del libro de Ingram por Mayer. En ambos, Poe ha llegado ya a la edad madura. No es, por cierto, aquel gallardo jovencito sensitivo que al conocer a Elena Staneand quedó trémulo y sin voz, como el Dante de la *Vita Nuova*... Es el hombre que ha sufrido ya, que conoce por sus propias desgarradas carnes cómo hieren las asperezas de la vida. En el primero, el artista parece haber querido hacer una cabeza simbólica. En los ojos, casi ornitomorfos, en el aire, en la expresión trágica del rostro, Chiffart ha intentado pintar al autor del *Cuervo*, al visionario, al *unhappy master* más que al hombre. En el segundo hay más realidad: esa mirada triste, de tristeza contagiosa, esa boca apretada, ese vago gesto de dolor y esa frente ancha y magnífica en donde se entronizó la palidez fatal del sufrimiento, pintan al desgraciado en sus días de mayor infortunio, quizá en los que precedieron a su muerte. Los otros retratos, como el de Halpin para la edición de Armstrong, nos dan ya tipos de lechuguinos de la época, ya caras que nada tienen que ver con la cabeza bella e inteligente de que habla Clarke. Nada más cierto que la aguda observación de Gautier:

«Es raro que un poeta –dice–, que un artista sea conocido bajo su primer encantador aspecto. La reputación no le viene sino muy tarde, cuando ya las fatigas del estudio, la lucha por la vida y las torturas de las pasiones han alterado su fisonomía primitiva; apenas deja sino una máscara usada, marchita, donde cada dolor ha puesto por estigma una magulladura o una arruga.»

Desde niño Poe «prometía una gran belleza».[2]

Sus compañeros de colegio hablan de su agilidad y robustez. Su imaginación y su temperamento nervioso estaban contrapesados por la fuerza de sus músculos. El amable y delicado ángel de poesía sabía dar excelentes puñetazos. Más tarde dirá de él una buena señora: «Era un muchacho bonito».[3]

Cuando entra a West Point hace notar en él un colega, míster Gibson, su «mirada cansada, tediosa y hastiada». Ya en su edad viril, recuérdale el bibliófilo Gowans: «Poe tenía un exterior notablemente agradable y que predisponía en su favor: lo que las damas llamarían claramente bello». Una persona que le oye recitar en Boston, dice: «Era la mejor realización de un poeta, en su fisonomía, aire y manera». Un precioso retrato es hecho de mano femenina: «Una ralla algo menos que de altura mediana quizá, pero tan perfectamente proporcionada y coronada por una cabeza tan noble, llevada tan regiamente, que, a mi juicio de muchacha, causaba la impresión de una estatura dominante. Esos claros y melancólicos ojos parecían mirar desde una eminencia...».[4] Otra dama recuerda la extraña impresión de sus ojos: «Los ojos de Poe, en verdad, eran el rasgo que más impresionaba, y era a ellos a los que su cara debía su atractivo peculiar. Jamás he visto otros ojos que en algo se le parecieran. Eran grandes, con pestañas largas y un negro de azabache: el iris acero-gris poseía una cristalina claridad y transparencia, a través de la cual la pupila negra-azabache se veía expandirse y contraerse con toda sombra de pensamiento o de emoción. Observé que los párpados jamás se contraían, como es tan usual en la mayor parte de las personas, principalmente cuando hablan; pero su mirada siempre era llena, abierta y sin encogimiento ni emoción. Su expresión habitual era soñadora y

---

2 Ingram.
3 Miss Royster. Citada por Ingram.
4 Miss Heywod. Citada por Ingram.

triste: algunas veces tenía un modo de dirigir una mirada ligera, de soslayo, sobre alguna persona que no le observaba a él, y, con una mirada tranquila y fija, parecía que mentalmente estaba midiendo el calibre de la persona que estaba ajena de ello. "¡Qué ojos tan tremendos tiene el señor Poe! —me dijo una señora—. Me hace helar la sangre el verle darse vuelta lentamente y fijarlos sobre mí cuando estoy hablando"».[5] La misma agrega: «Usaba un bigote negro esmeradamente cuidado, pero que no cubría completamente una expresión ligeramente contraída de la boca y una tensión ocasional del labio superior, que se asemejaba a una expresión de mofa. Esta mofa era fácilmente excitada y se manifestaba por un movimiento del labio, apenas perceptible, y, sin embargo, intensamente expresivo. No había en ella nada de malevolencia, pero sí mucho sarcasmo». Sábese, pues, que aquella alma potente y extraña estaba encerrada en hermoso vaso. Parece que la distinción y dotes físicas deberían ser nativas en todos los portadores de la lira. ¿Apolo, el crinado numen lírico, no es el prototipo de la belleza viril? Mas no todos sus hijos nacen con dote tan espléndido. Los privilegiados se llaman Goethe, Byron, Lamartine, Poe.

Nuestro poeta, por su organización vigorosa y cultivada, pudo resistir esa terrible dolencia que un médico escritor llama con gran propiedad de la enfermedad del ensueño. Era un sublime apasionado, un nervioso, uno de esos divinos semilocos necesarios para el progreso humano, lamentables cristos del arte, que por amor al eterno ideal tienen su calle de la amargura, sus espinas y su cruz. Nació con la adorable llama de la poesía, y ella le alimentaba al propio tiempo que era su martirio. Desde niño quedó huérfano y le recogió un hombre que jamás podría conocer el valor intelectual de su hijo adoptivo. El señor Allan —cuyo nombre pasará en lo porvenir al brillo del nombre del poeta— jamás pudo imaginarse que el pobre muchacho recitador de versos que alegraba las veladas de su home fuese más tarde un egregio príncipe del arte. En Poe reina el «ensueño» desde la niñez. Cuando el viaje de su protector le lleva a Londres, la escuela del dómine Brandeby es para él como un lugar fantástico que despierta en su ser extrañas reminiscencias; después, en la fuerza de su genio, el recuerdo de aquella morada y del viejo profesor han de hacerle producir una de sus subyugadoras páginas. Por

---

5   Mrs. Weiss. Ibid.

una parte posee en su fuerte cerebro la facultad musical; por otra, la fuerza matemática. Su «ensueño» está poblado de quimeras y de cifras como la carta de un astrólogo. Vuelto a América, vémosle en la escuela de Clarke, en Richmond, en donde al mismo tiempo que se nutre de clásicos y recita odas latinas, boxea y llega a ser algo como un *champion* estudiantil; en la carrera hubiera dejado atrás a Atalanta, y aspiraba a los lauros natatorios de Byron. Pero si brilla y descuella intelectual y físicamente entre sus compañeros, los hijos de familia de la fofa aristocracia del lugar miran por encima del hombro al hijo de la cómica. ¿Cuánta no ha de haber sido la hiel que tuvo que devorar este ser exquisito, humillado por un origen del cual en días posteriores habría orgullosamente de gloriarse? Son esos primeros golpes los que empezaron a cincelar el pliegue amargo y sarcástico de sus labios. Desde muy temprano conoció las asechanzas del lobo racional. Por eso buscaba la comunicación con la Naturaleza, tan sana y fortalecedora... «Odio sobre todo y detesto este animal que se llama Hombre», escribía Swift a Pope. Poe, a su vez, habla «de la mezquina amistad y de la fidelidad de polvillo de fruta *(gossamer fidelity)* del mero hombre». Ya en libro de Job, Eliphaz Themanita exclama: «¿Cuánto más el hombre abominable y vil que bebe como la iniquidad?». No buscó el único americano el apoyo de la oración; no era creyente, o, al menos, su alma estaba alejada del misticismo. A lo cual da por razón James Russell Lowell lo que podría llamarse la matematicidad de su cerebración. «Hasta su misterio es matemático para su propio espíritu. La ciencia impide al poeta penetrar y tender las alas en la atmósfera de las verdades ideales. Su necesidad de análisis, la condición algebraica de su fantasía, hácele producir tristísimos efectos cuando nos arrastra al borde de lo desconocido. La especulación filosófica nubló en él la fe, que debiera poseer como todo poeta verdadero. En todas sus obras, si mal no recuerdo, solo unas dos veces está escrito el nombre de Cristo.[6] Profesaba, sí, la moral cristiana; y en cuanto a los destinos del hombre, creía en una ley divina, en un fallo inexorable. En él la ecuación dominaba a la creencia, y aun en lo referente a Dios y sus atributos, pensaba, con Spinoza, que las cosas invisibles y todo lo que es objeto propio del entendimiento no pueden percibiese

---

6 Tiene, no obstante, un himno a María en *Poems and Essays*.

de otro modo que por los ojos de la demostración,[7] olvidando la profunda afirmación filosófica: «*intelectus noster sic de habet? ad prima entium quae sunt manifestissima in natura, sicut oculus vespertilionis ad solem*». No creía en lo sobrenatural, según confesión propia; pero afirmaba que Dios, como creador de la Naturaleza, puede, si quiere, modificarla. En la narración de la metempsicosis de Ligeia hay una definición de Dios, tomada de Granwill, que parece ser sustentada por Poe: Dios no es más que una gran voluntad que penetra todas las cosas por la naturaleza de su intensidad... Lo cual estaba ya dicho por santo Tomás en estas palabras: «Si las cosas mismas no determinan el fin para sí, porque desconocen la razón del fin, es necesario que se les determine el fin por otro que sea determinador de la naturaleza. Este es el que previene todas las cosas, que es ser por sí mismo necesario, y a éste llamamos Dios...».[8] En la *Revelación magnética*, a vuelta de divagaciones filosóficas, míster Vankirk —que, como casi todos los personajes de Poe, es Poe mismo— afirma la existencia de un Dios material, al cual llama materia suprema e imparticulada. Pero agrega: «La materia imparticulada, o sea Dios en estado de reposo, es, en lo que entra en nuestra comprensión, lo que los hombres llaman espíritu... En el diálogo entre Oinos y Agathos pretende sondear el misterio de la divina Inteligencia; así como en los de Monos y Una y de Eros y Charmion penetra en la desconocida sombra de la Muerte, produciendo, como pocos, extraños vislumbres en su concepción del espíritu en el espacio y en el tiempo.

---

7 Spinoza: *Tratado teológico político*.
8 Santo Tomás: *Teodicea*, XLI.

Leconte de Lisle

Ha muerto el pontífice del Parnaso, el vicario de Hugo; las campanas de la Basílica lírica están tocando vacante. Descansa ya, pálida y sin la sangre de la vida, aquella majestuosa cabeza de sumo sacerdote, aquella testa coronada —coronada de los más verdes laureles llena de augusta hermosura antigua, y cuyos rasgos exigen el relieve de la medalla y la consagración olímpica del mármol.

Homéricos funerales deberían ser los de Leconte de Lisle. En hoguera encendida con maderos olorosos, allá, en el corazón de la isla maternal, en donde por primera vez vio la gloria del Sol, consumiríase su cuerpo al vuelo de las odas con que un coro de poetas cantaría el Triunfo de la Lira, recitaríanse estrofas que recordarían a Orfeo encadenado con sus acordes la furia de los leopardos y leones, o a Melesígenes cercado de las musas en la maravilla de una apoteosis. ¡Homéricos funerales para quien fue homérida, por el soplo épico que pasaba por el cordaje de su lira, por la soberana expresión y el vuelo soberbio, por la impasibilidad casi religiosa, por la magnificencia monumental estatuaria de su obra, en la mal, como en la del padre de los poetas, pasan a nuestra vista portentosos desfiles de personajes, grupos esculturales, marmóreos bajorrelieves, figuras que encarnan los odios, los combates, las terribles iras; homérida por ser de alma y sangre latinas y por haber adorado siempre el lustre y el renombre de la Hélade inmortal! Griego fue, de los griegos tenía, como lo hizo notar muy bien Guyau, la concepción de una especie de mundo de las formas y de las ideas que es el mundo mismo del arte; habiéndose colocado, por una ascensión de la voluntad, sobre el mundo del sentimiento, en la región serena de la idea, y revistiendo su musa inconmovible el esculpido peplo cuyo más ligero pliegue no pudiera agitar el estremecimiento de las humanas emociones, ni aun el aire que el Amor mismo agitase con sus alas: «Vuestros contemporáneos —díjole Alejandro Dumas (hijo)— eran los griegos y los hindúes». Y es, en efecto, de aquellos dos inmensos focos de donde parten los rayos que iluminan la obra de Leconte de Lisle, conduciendo uno la idea brahmánica desde el índico Ganges, cuyas aguas reflejaran los combates del Ramayana, y el otro la idea griega desde el armonioso Alfeo, en cuyas linfas se viera la desnudez celeste de la virgen Diana.

La India y Grecia eran para su espíritu tierras de predilección: reconocía como las dos originales fuentes de la universal poesía a Valmiki y a Homero. Navegó a pleno viento por el océano inmenso de la teogonía védica, y, profundo conocedor de la antigüedad griega, y helenista insigne, condujo a Homero a orillas del Sena. Atraíale la aurora de la Humanidad, la soberana sencillez de las edades primeras, la grandiosa infancia de las razas, en la cual empieza el Génesis de lo que él llamara con su verbo solemne «la historia sagrada del pensamiento humano en su florecimiento de armonía y de luz»; la historia de la Poesía.

El más griego de los artistas, como le llamara un joven esteta, cantó a los bárbaros, ciertamente. Como había en su reino poético suprimido todo anhelo por un ideal de fe, la inmensa alma medieval no tenía para él ningún fulgor; y calificaba la Edad Media como una edad de abominable barbarie. Y he aquí que ninguno entre los poetas, después de Hugo, ha sabido poner delante de los ojos modernos, como Leconte de Lisle, la vida de los caballeros de hierro, las costumbres de aquellas épocas, los hechos y aventuras trágicas de aquellos combatientes y de aquellos tiranos; los sombríos cuadros monacales, los interiores de los claustros, los cismas, la supremacía de Roma, las musulmanas barbaries fastuosas, el ascetismo católico y el temblor extranatural que pasó por el mundo en la edad que otro gran poeta ha llamado con razón, en una estrofa célebre, «enorme y delicada».

Puso el espíritu sobre el corazón. Jamás en toda su obra se escucha un solo eco de sentimiento; nunca sentiréis el escalofrío pasional. Eros mismo, si pasa por esas inmensas florestas, es como un ave desolada. No se atrevería la musa de Musset a llamar a la puerta del vate serenísimo; y las palomas lamartinianas alzarían el vuelo, asustadas, delante del cuervo centenario que dialoga con el abad Serapio de Arsinoe.

Nació en una isla cálida y espléndida, isla de Sol, florestas y pájaros, que siente de cerca la respiración de la negra África; sintióse poeta el «joven salvaje»; la lengua de la Naturaleza le enseñó su primera rima, el gran bosque primitivo le hizo sentir la influencia de su estremecimiento, y el mar solemne y el cielo le dejaron entrever el misterio de su inmensidad azul. Sentía él latir su corazón, deseoso de algo extraño, y sus labios estaban sedientos del vino divino. Copa de oro inagotable, llena de celeste licor, fue para él la poesía de

Hugo. Al llegar *Las orientales* a sus manos, al ver esos fulgurantes poemas, la luz misma de su cielo patrio le pareció brillar con un resplandor nuevo; la montaña, el viento africano, las olas, las aves de las florestas nativas, la Naturaleza toda, tuvo para él voces despertadoras que le iniciaron en un culto arcano y supremo.

Imaginaos un Pan que vagase en la montaña sonora poseído de la fiebre de la armonía, en busca de la caña con que habría de hacer su rústica flauta, y a quien de pronto diese Apolo una lira y le enseñase el arte de arrancar de sus cuerdas sones sublimes. No de otro modo aconteció al poeta que debiera salir de la tierra lejana en donde nació, para levantar en la capital del Pensamiento un templo cincelado en el más bello Paros, en honor del dios del arco de plata.

El que fue impecable adorador de la tradición clásica pura debía pronunciar en ocasión solemne, delante de la Academia francesa, que le recibía en su seno, estas palabras: «Las formas nuevas son la expresión necesaria de las concepciones originales». Digna es tal declaración de quien sucediera a Hugo en la asamblea de los «inmortales» y de quien, como su sacro cesáreo antecesor, fue jefe de escuela, y de escuela que tenía por fundamento principal el culto de la forma. Hugo fue, en verdad, para él la encarnación de la poesía. Leconte de Lisle no reconocía de la Trinidad romántica sino la omnipotencia del «Padre»; Musset, «el Hijo» y Lamartine, «el Espíritu», apenas si merecieron una mirada rápida de sus ojos sacerdotales. Y es que Hugo ejercía sobre él la atracción astral de los genios individuales y absolutos; el hijo de la isla oriental fue iniciado en el secreto del arte por el autor de *Las orientales*; el que debía escribir los *Poemas antiguos* y los *Poemas bárbaros* no podía sino contemplar con estupor la creación de ese orbe constelado, vario, profuso y estupendo que se llama *La leyenda de los siglos*. Luego fue a él, barón, par, príncipe, a quien el Carlomagno de la lira dirigiera este corto mensaje imperial y fraternal: *Jungamus dextras*. Después él fue siempre el privilegiado. Hugo le consagró. Y cuando Hugo fue conducido al Panteón, fue Leconte de Lisle quien entonó el himno más ferviente en honor de quien entraba en la inmortalidad. Posteriormente, al ocupar su sillón en la Academia, colocó aún más triunfales palmas y coronas en la tumba del César literario. Recorrió con su pensamiento la historia de la poesía universal, para llegar a depositar sus trofeos en aras del daimón desaparecido, y presentó con la magia de su lenguaje la creación toda de Hugo. Hizo aparecer con sus prestigios incomparables *Las orientales*, cuya lengua y movimiento, según confesión propia, fueron para él una revelación; el prefacio de *Cromwell*, oriflama de guerra, tendido al viento; las *Hojas de otoño*, los *Cantos del crepúsculo*, las *Voces interiores*, los *Rayos* y las *Sombras*, a propósito de los cuales lanzó una flecha de su carcaj dirigida al sentimentalismo; los *Castigos*, llenos de rayos y relámpagos, bajo los cuales coloca los *Yambos* de Chenier y las *Trágicas* de Agrippa d'Aubigné; *La leyenda de los siglos*, «que permanecerá como la prueba brillante de una potencia verbal inaudita, puesta al servicio de una imaginación incomparable». Y todos los poemas posteriores, *Canciones de calles y bosques*, *Año terrible*, *Arte de ser abuelo*, el *Papa*, la *Piedad suprema*, *Religión y religiones*, *El asno*, *Torquemada* y los *Cuatro vientos del Espíritu*. De todas estas últimas obras nombradas, la que llama su atención principal es *Torquemada*. ¿Por qué? Porque Leconte de Lisle sentía el pasado con una fuerza de visión insuperable, a punto de que Guyau llama a la Trilogía *Nueva leyenda de los siglos*. «Bien que ningún siglo —escribe el poeta— haya igualado al nuestro en la ciencia universal; que la historia, las lenguas, las costumbres, las teorías de los pueblos antiguos nos sean reveladas de año en año por tantos sabios ilustres; que los hechos y las ideas, la vida íntima y la vida exterior; que todo lo que constituye la razón de ser, de creer, de pensar de los hombres desaparecidos, llama la atención de las inteligencias elevadas, nuestros grandes poetas han raramente intentado volver intelectualmente la vista del pasado.» Tiempos primitivos, Edad Media, todo lo que se halla respecto a nuestra edad contemporánea como en una lejanía de ensueño, atrae la imaginación del vate severo. La exposición de la obra novelesca de Victor Hugo dióle motivo para lanzar otra flecha, que fue directamente a clavarse en el pecho robusto de Zola, cuando habló de «la epidemia que se hace sentir directamente en una parte de nuestra literatura, y contamina los últimos años de un siglo que se abriera con tanto brillo y proclamara tan ardientemente su amor a lo bello» y de «el desdén de la imaginación y del ideal que se instala imprudentemente en muchos espíritus obstruidos por teorías groseras y malsanas». «El público letrado —

agrega— no tardará en arrojar con desprecio lo que aclama hoy con ciega admiración. Las epidemias de esta naturaleza pasan y el genio permanece.»

Al contestar al discurso del nuevo académico, Alejandro Dumas (hijo), entre sonrisa y sonrisa, quemó en honor del recién llegado este puñado de incienso: «Cuando un gran genio (Hugo) ha tenido desde la infancia, el hábito de frecuentar un círculo de genios anteriores, entre los cuales Sófocles, Platón, Virgilio, La Fontaine, Corneille y Molière no ocupan sino un segundo término, y en donde Montaigne, Racine, Pascal, Bossuet, la Bruyére, no penetran, se comprende fácilmente que el día en que ese gran genio distingue entre la muchedumbre que se agita a sus pies un poeta y le marca en la frente con el signo con que ha de reconocer en lo porvenir a los de su raza y familia, ese poeta tendrá el derecho de estar orgulloso. Ese poeta sois vos, señor».

Fueron, ciertamente, los *Poemas bárbaros* la anunciación espléndida de un grande y nuevo poeta. ¿Qué son esos poemas? Visiones formidables de los pasados siglos, los horrores y las grandezas épicas de los bárbaros evocados por un latino que emplea para su obra versos de bronce, versos de hierro, rimas de acero, estrofas de granito. Caín surge en el ensueño del vidente Thogorma, en un poema primitivo, bíblico, que se desarrolla en la misteriosa inmemorial «ciudad de la angustia», en el país de Hevila. Caín es el mensajero de la nada. Luego es aun en la Biblia donde se halla el origen de otros poemas; la viña de Naboth, el Eclesiastés, que declara cómo la irrevocable Muerte es también mentira; después el poeta va de un punto a otro, extraño cosmopolita del pasado; a Tebas, donde el rey Khons descansa en su barca dorada; a Grecia, donde surgirá la monstruosa Equidna, o un grupo de hirsutos combatientes; a la Polinesia, en donde aprenderá el génesis indígena; al boreal país de los nomos y escaldas, donde Snorr tiene su infernal visión; a Irlanda, tierra de bardos. Y se advierten blancas pinturas de países frígidos, figuras cinceladas en nieve; Angantir, que dialoga con Hervor; Hialmar, que clama trágicamente, el oso que llora, los cantos de los cazadores y runoyas; el norte aún, el país de Sigurd; los elfos que, coronados de tomillo, danzan a la luz de la Luna, en un aire germánico de balada; cantos tradicionales; Kono de Kemper; el terrible poema de Mona; cuadros orientales como la preciosa y musical *Verandah*; las frases ásperas de la Naturaleza; el desierto; la India y sus pagodas y faquires; Córdoba morisca; fieras y aves de rapiña; fuentes cristalinas, bosques salvajes; la historia religiosa, la leyenda, el romancero; América, los Andes...; y, sobre todo esto, el *Cuervo*, el cuervo desolador, y la silenciosa, fatal, pálida y como deseada imagen de la Muerte, acompañada de su oscuro paje el Dolor.

En los *Poemas antiguos* resucita el esplendor de la belleza griega, lanzando al mismo tiempo un manifiesto a manera de prólogo. He aquí lo que pensaba de los tiempos modernos: «Desde Homero, Esquilo y Sófocles, que representan la poesía en su vitalidad, en su plenitud y en su unidad armónica, la decadencia y la barbarie han invadido el espíritu humano. En lo tocante a arte original, el mundo romano está al nivel de los dacios y de los sármatas; el cielo cristiano, todo es bárbaro. Dante, Shakespeare y Milton no tienen sino la altura de su genio individual; su lengua y sus concepciones son bárbaras. La escultura se detiene en Fidias y en Lisipo; Miguel Ángel no ha fecundado nada; su obra, admirable en sí misma, ha abierto una vía desastrosa. ¿Qué queda, pues, de los siglos transcurridos después de la Grecia? Algunas individualidades potentes, algunas grandes obras sin liga y sin unidad. La poesía moderna, reflejo confuso de la personalidad fogosa de Byron, de la religiosidad ficticia de Chateaubriand, del ensueño místico de Ultra-Rhin y del realismo de los lakistas, se turba y se disipa. Nada menos vivo y menos original, bajo el aparato más ficticio. Un arte de segunda mano, híbrido, incoherente. Arcaísmo de la víspera, nada más. La paciencia pública se ha cansado de esta comedia sonoramente representada a beneficio de una autolatría de préstamo. Los maestros se han callado o quieren callarse, fatigados de sí mismos, olvidados ya, solitarios en medio de sus obras infructuosas. Los poetas nuevos, criados en la vejez precoz de una estética infecunda, deben sentir la necesidad de remojar en las fuentes eternamente puras la expresión usada y debilitada de los sentimientos generosos. El tema personal y sus variaciones demasiado repetidas han agotado la atención; con justicia ha venido la indiferencia; pero si es posible abandonar a la mayor brevedad esa vía estrecha y banal, es preciso aún no entrar en un camino más difícil y peligroso, sino fortificado por el estudio y la iniciación.

»Una vez sufridas esas pruebas expiatorias, una vez saneada la lengua poética, las especulaciones del espíritu perderán algo de su verdad y su energía cuando dispongan de formas más netas y más precisas. Nada será abandonado ni olvidado; la base pensante y el arte habrán recobrado la savia y el vigor, la armonía y la unidad unidas. Y más tarde, cuando esas inteligencias profundamente agitadas se hayan aplacado, cuando la meditación de los principios descuidados y la regeneración de las formas hayan purificado el espíritu y la letra, dentro de un siglo o dos, si todavía la elaboración de los tiempos nuevos no implica una gestación más alta, tal vez la poesía llegaría a ser el verbo inspirado e inmediato del alma humana...»

Esa declaración nos demuestra por qué Leconte de Lisle no vibraba a ningún soplo moderno, a ninguna conmoción contemporánea, y se refugiaba, como Keats, aunque de otra suerte, en viejas edades paganas, en cuyas fuentes Pegaso abrevaba a su placer.

Los *Poemas trágicos* completan la trilogía. Hay, como en los anteriores, una rica variedad de temas, predominando los paisajes exóticos, reconstrucciones históricas o fantásticas y brillantes pinturas de asuntos legendarios. El califa de Damasco abre la serie, entre imanes de Meca y emires de Oriente.

Es éste un libro purpúreo. Los *Poemas bárbaros* son un libro negro. La palabra más usada en ellos es noir. Libro rojo es éste, ciertamente, que comienza con la apoteosis de Muza-al-Kebir, en país oriental, y concluye en la Grecia de Orestes, con la tragedia funesta de las *Erinnias* o Furias.

Oiréis entre tanto un canto de muerte de los galos del siglo VI, clamores de moros medioevales; veréis la caza del águila, en versos que no haría mejores un numen artífice; después del águila vuela el albatros, el *prince des nuages*, de Baudelaire; pasan lúgubres ancianos, como Magno; frailes como el abad Jerónimo, cual surge en poema que, sin duda alguna, Núñez de Arce leyó antes de escribir *La visión de fray Martín*; monstruos simbólicos, como la Bestia escarlata; tipos del romancero español, como don Fadrique; y entre todo esto, el severo bardo no desdeña jugar con la musa, y ensaya el *pantum* malayo o rima la *villanelle* como su amigo Teodoro de Banville.

Las *Erinnias* es obra de quien puede recorrer el campo de la poesía griega y conversar con Paris, Agamenón o Clitemnestra. Artistas egregios ha habido que hayan comprendido la antigüedad profunda y extensamente; más, de seguro, ninguno con la soberanía, con el poder de Leconte de Lisle. Pudo Keats escribir sus célebres versos a una urna griega; pudo el germánico Goethe despertar a Helena después de un sueño de siglos y hacer que iluminase la frente de Euforión la luz divina, y que Juan Pablo escribiese una famosa metáfora. Leconte de Lisle desciende directamente de Homero; y si fuese cierta la transmigración de las almas, no hay duda de que su espíritu estuvo en los tiempos heroicos encarnado en algún aeda famoso o en algún sacerdote de Delfos.

Bien sabida es la historia del Hamlet antiguo, de Orestes, el desventurado parricida, armado por el Destino y la Venganza, castigador del materno crimen y perseguido por las desmelenadas y horribles Furias. Sófocles, en su *Electra*, Eurípides, Voltaire, Alfieri, han llevado a la escena al trágico personaje.

Leconte de Lisle, en clásicos alejandrinos, que bien valen por hexámetros de la antigüedad, evoca en la parte primera de su poema a Clitemnestra, en el pórtico del palacio de Pelos, a Tallibios y Euribates, y un coro de ancianos, y asimismo la sollozante Casandra, de profética voz. En la segunda parte, ya cometido el crimen de su madre, Orestes vengará, apoyado por el impulso sororal de Electra, la sangre de su padre. Las Furias le persiguen entre clamores de horror.

El poeta, como traductor, fue insigne. A Homero, Sófocles, Hesíodo, Teócrito, Bion, Moscu, tradújolos en prosa rítmica y purísima, en cuyas ondas parece que sonasen las músicas de los metros originales. Conservaba la ortografía de los idiomas antiguos; y así sus obras tienen a la vista una aristocracia tipográfica que no se encuentra en otras.

Cuando Hugo estaba en el destierro, la poesía apenas tenía vida en Francia, representada por unos pocos nombres ilustres. Entonces fue cuando los parnasianos levantaron su estandarte y buscaron un jefe que los condujese a la campaña. ¡El Parnaso! No fue más bella la lucha romántica ni tuvieron los Joven Francia más rica leyenda que la de los parnasianos, contada admirablemente por uno de sus más bravos y gloriosos capitanes. De esa leyenda encantadora y vívida no puedo menos que traducir la hermosa página consagrada al cantor excelso por quien hoy viste luto la poesía de Francia y también la Poesía universal:

«...Y lo que nos faltaba también era una firme disciplina, una línea de conducta precisa y resuelta. Ciertamente, el sentimiento de la belleza, el

33

horror de las abobadas sensiblerías que deshonraban entonces la poesía francesa, ¡lo teníamos nosotros! ¡Pero qué! Tan jóvenes, desordenadamente y un poco al azar era como nos arrojábamos a la brega y marchábamos a la conquista de nuestro ideal. Era tiempo de que los niños de antes tomaran actitudes de hombres, que de nuestro cuerpo de tiradores formase un ejército regular. Nos faltaba la regla, una regla impuesta de lo alto, y que sobre dejarnos nuestra independencia intelectual, hiciera concurrir gravemente, dignamente, nuestras fuerzas esparcidas a la victoria entrevista. Esta regla la recibimos de Leconte de Lisle. Desde el día en que François Coppée, Villiers de L'Isle-Adam y yo tuvimos el honor de ser conducidos a casa de Leconte de Lisle —monsieur Luis Ménard, el poeta y filósofo, fue nuestro introductor—, desde el día en que tuvimos la alegría de encontrar en casa del maestro a José María de Heredia y a Léon Dierx, de ver allí a Armand Silvestre, de reencontrar a Sully Prudhomme, desde ese día data, hablando propiamente, nuestra historia, que cesa de ser una leyenda; y entonces fue cuando nuestra adolescencia se convirtió en virilidad. En verdad, nuestra juventud de ayer no estaba muerta de ningún modo, y no habíamos renunciado a las azarosas extravagancias en el arte y en la vida. Pero dejamos todo eso a la puerta de Leconte de Lisle, como se quita un vestido de Carnaval para llegar a la casa familiar. Teníamos alguna semejanza con esos jóvenes pintores de Venecia, que después de trasnochar cantando en góndola y acariciando los cabellos rojos de bellas muchachas, tomaban de repente un aire reflexivo, casi austero, para entrar al taller del Tiziano.

»Ninguno de aquellos que han sido admitidos en el salón de Leconte de Lisle olvidará nunca el recuerdo de esas noches y dulces tardes, que durante tantos años fueron nuestras más bellas horas. ¡Con qué impaciencia, al pasar cada semana, esperábamos el sábado, el precioso sábado, en que nos era dado encontrarnos, unidos en espíritu y corazón, alrededor de aquel que tenía nuestro corazón y toda nuestra ternura! Era en un saloncito, en el quinto piso de una casa nueva, bulevar de los Inválidos, en donde nos juntábamos para contarnos nuestros proyectos, llevar nuestros versos nuevos y solicitar el juicio de nuestros camaradas y de nuestro gran amigo. Los que han hablado de entusiasmo mutuo, los que han acusado a nuestro grupo de demasiada complacencia consigo mismo, ésos, en verdad han sido mal informados. Creo que ninguno de nosotros se ha atrevido en casa de Leconte de Lisle a formular un elogio o una crítica sin llevar íntimamente la convicción de decir la verdad. Ni más exagerado el elogio que acerba la desaprobación.

»Espíritus sinceros: he ahí, en efecto, lo que éramos; y Leconte de Lisle nos daba el ejemplo de esa franqueza. Con rudeza que sabíamos que era amable, sucedía que a menudo censuraba resueltamente nuestras obras nuevas, reprochaba nuestras perezas y reprimía nuestras concesiones. Porque nos amaba no era indulgente. Pero, también, ¡qué valor daba a los elogios esta acostumbrada severidad! ¡Yo no sé que exista mayor gozo que recibir la aprobación de un espíritu justo y firme! Sobre todo, no creáis por mis palabras que Leconte de Lisle haya nunca sido uno de esos genios exclusivos, deseosos de crear poetas a su imagen, y que no aman en sus hijos literarios sino su propia semejanza. Al contrario. El autor de *Kain* es quizá, de todos los inventores de este tiempo, aquel cuya alma se abre más ampliamente a la inteligencia de las vocaciones y de las obras más opuestas a su propia naturaleza. Él no pretende que nadie sea lo que él es magníficamente. La sola disciplina que imponía —era la buena— consistía en la generación del arte y el desdén de los triunfos fáciles. Él era el buen consejero de las probidades literarias, sin impedir jamás el vuelo personal de nuestras aspiraciones diversas; él fue, él es aún nuestra conciencia poética misma. A él es a quien pedimos, en las horas de duda, que nos prevenga del mal. Él condena o absuelve, y estamos sometidos.

»¡Ah!, yo me acuerdo aún de todas las bromas que se hacían entonces sobre nuestras reuniones en el salón de Leconte de Lisle. ¡Y bien! Los burlones no tenían razón, pues en verdad lo creo y lo digo: en esta época, felizmente desaparecida, en que la poesía era por todas partes burlada; en que hacer versos tenía este sinónimo: ¡morir de hambre!; en que todo el triunfo, todo el renombre pertenecía a los rimadores de elegías y verseros de cuplés, a los lloriqueadores y a los risueños; en que era suficiente hacer un soneto para ser un imbécil, y hacer una opereta para ser una especie de gran hombre; en esta época era un bello espectáculo el de aquellos jóvenes prendados del arte verdadero, perseguidores del ideal, pobres la mayor parte y desdeñosos de la riqueza, que confesaban imperturbablemente, venga lo que viniere, su fe de poetas, y que se agrupaban, con una religión que nunca ha existido la libertad de pensamiento, alrededor de un maestro venerado, pobre como ellos.

»Otro error sería creer que nuestras reuniones familiares fuesen sesiones dogmáticas y morosas. Leconte de Lisle era de aquellos que pretenden apartar, sobre todo del elogio, su personalidad íntima, y, por tanto, mi conversación no tendrá aquí anécdotas. No diré de las sonrientes dulzuras de una familiaridad de que estábamos tan orgullosos, de las cordialidades de camarada que tenía con nosotros el gran poeta, ni de las charlas al amor del hogar —porque se era serio, pero alegre—, ni todo el bello humor, casi infantil, de nuestras apacibles conciencias de artistas en el querido salón, poco lujoso, pero tan neto y siempre en orden como una estrofa bien compuesta; mientras la presencia de una joven en medio de nuestro amistoso respeto agregaba su gracia a la poesía esparcida.»

Tal es el recuerdo que consagra Catulle Mendés en uno de sus mejores libros al hoy difunto jefe del Parnaso. Él alentó a los que le rodeaban, como en otro tiempo Ronsard a los de la Pléyade, al cual cenáculo ha consagrado Leconte de Lisle muy entusiásticas frases; pues quien en *Las Erinnias* pudo renovar la máscara esquiliana, miraba con simpatía a Ronsard, que tuvo el fuego pindárico, anhelo de perfección y amor absoluto a la belleza.

Mas Leconte brillará siempre al fulgor de Hugo. ¿Qué portalira de nuestro siglo no desciende de Hugo? ¿No ha demostrado triunfantemente Mendés —ese hermano menor de Leconte de Lisle— que hasta el árbol genealógico de los Rougon Macquart ha nacido al amor del roble enorme del más grande de los poetas? Los parnasianos proceden de los románticos como los decadentes de los parnasianos. *La leyenda de los siglos* refleja su luz cíclica sobre los *Poemas trágicos, antiguos y bárbaros*. La misma reforma métrica de que tanto se enorgullece, con justicia, el Parnaso, ¿quién ignora que fue comenzada por el colosal artífice revolucionario en 1830?

La fama no ha sido propicia a Leconte de Lisle. Hay en él mucho de olímpico, y esto le aleja de la gloria común de los poetas humanos. En Francia, en Europa, en el mundo, tan solamente los artistas, los letrados, los poetas, conocen y leen aquellos poemas. Entre sus seguidores, uno hay que adquirió gran renombre: José María de Heredia, también como él nacido en una isla tropical. En lengua castellana apenas es conocido Leconte de Lisle. Yo no sé de ningún poeta que le haya traducido, exceptuando al argentino Leopoldo Díaz, mi amigo muy estimado, quien ha puesto en versos castellanos el *Cuervo* —con motivo de lo cual el poeta francés le envió una real esquela—, *El sueño del cóndor, El desierto, La tristeza del diablo* y *La espada de Angantir*, todo de los *Poemas bárbaros*, como también *Los Elfos*, cuya traducción es la siguiente:

De tomillo y rústicas hierbas coronados,
los Elfos alegres bailan en los prados.

Del bosque por arduo y angosto sendero
en corcel oscuro marcha un caballero.
Sus espuelas brillan en la noche bruna,
y, cuando en su rayo le envuelve la Luna,
fulgurando luces con vivos destellos
un casco de plata sobre sus cabellos.

De tomillo y rústicas hierbas coronados,
los Elfos alegres bailan en los prados.
Cual ligero enjambre, todos le rodean,
y en el aire mudo raudo voltejean.
«Gentil caballero, ¿dó vas tan deprisa?»,
la reina pregunta, con suave sonrisa.
Fantasmas y endriagos hallarás doquiera;
ven, y danzaremos en la azul pradera.

De tomillo y rústicas hierbas coronados,
los Elfos alegres bailan en los prados.

«¡No! Mi prometida, la de los ojos hermosos,
me espera, y mañana seremos esposos.
Dejadme prosiga, Elfos encantados,
que holláis vaporosos el musgo en los prados.

Lejos estoy, lejos de la amada mía,
y ya los fulgores se anuncian del día.»

De tomillo y rústicas hierbas coronados,
los Elfos alegres bailan en los prados.

«Queda, caballero; te daré a que elijas
el ópalo mágico, las áureas sortijas
y lo que más vale que gloria y fortuna:
mi saya, tejida con rayos de Luna.»
«¡No!» dice él. «¡Pues anda!» Y su blanco dedo
su corazón toca e infúndele miedo.

De tomillo y rústicas hierbas coronados,
los Elfos alegres bailan en los prados.

Y el corcel oscuro, sintiendo la espuela,
parte, corre, salta, sin retardo vuela;
mas el caballero, temblando, se inclina:
ve sobre la senda forma blanquecina
que los brazos tiende, marchando sin ruido.
«¡Déjame, oh demonio, Elfo maldecido!»

De tomillo y rústicas hierbas coronados,
los Elfos alegres bailan en los prados.

«¡Déjame, fantasma siempre aborrecida!
Voy a desposarme con mi prometida.»
«¡Oh, mi amado esposo; la tumba perenne
será nuestro lecho de bodas solemne!»
«¡He muerto!» dice ella, y él, desesperado
de amor y de angustia cae muerto a su lado.

De tomillo y rústicas hierbas coronados,

los Elfos alegres bailan en los prados.

Duerma en paz el hermoso anciano, el caballero de Apolo. Ya su espíritu sabrá de cierto lo que se esconde tras el velo negro de la tumba. Llegó, por fin, la por él deseada, la pálida mensajera de la verdad.

Fínjome la llegada de su sombra a una de las islas gloriosas (Tempes, Amatuntes celestes), en donde los Orfeos tienen su premio. Recibiránle con palmas en las manos coros de vírgenes cubiertas de albas, impalpables vestiduras; a lo lejos destacaráse la armonía del pórtico de un templo; bajo frescos laureles se verán las blancas barbas de los antiguos amados de las musas: Homero, Sófocles, Anacreonte... En un bosque cercano, a un grupo de centauros, Quirón a la cabeza, se acerca para mirar al recién llegado. Brota del mar un himno. Pan aparece. Por el aire suave, bajo la cúpula azul del cielo, un águila pasa, en vuelo rápido, camino del país de las pagodas, de los locos y de los elefantes.

Paul Verlaine

Y al fin vas a descansar; y al fin has dejado de arrastrar tu pierna lamentable y anquilótica, y tu existencia extraña, llena de dolor y ensueños, ioh pobre viejo divino! Ya no padeces el mal de la vida, complicado en ti con la maligna influencia de Saturno.

Mueres seguramente en uno de los hospitales que has hecho amar a tus discípulos, tus palacios de invierno... los lugares de descanso que tuvieron tus huesos vagabundos, en la hora de los implacables reumas y de las duras miserias parisienses.

Seguramente has muerto rodeado de los tuyos, de los hijos de tu espíritu, de los jóvenes oficiantes de tu iglesia, de los alumnos de tu escuela, ioh lírico Sócrates de un tiempo imposible!

Pero mueres en un instante glorioso: cuando tu nombre empieza a triunfar y la simiente de tus ideas a convertirse en magníficas flores de arte, aun en países distintos del tuyo, pues es el momento de decir que hoy, en el mundo entero, tu figura, entre los escogidos de diferentes lenguas y tierras, resplandece en su nimbo supremo, así sea delante del trono del enorme Wagner.

El holandés Bivanck se representa a Verlaine como un leproso sentado a la puerta de una catedral, lastimoso, mendicante, despertando en los fieles que entran y salen la compasión, la caridad. Alfred Ernst le compara con Benoit Labre, viviente símbolo de enfermedad y de miseria; antes Léon Bloy le había llamado también el Leproso en el portentoso tríptico de su Brelam, en donde está pintado en compañía del Niño Terrible y del Loco: Barbey d'Aurevilly y Ernesto Hello. ¡Ay, fue su vida así! Pocas veces ha nacido de vientre de mujer un ser que haya llevado sobre sus hombros igual peso de dolor. Job le diría: «¡Hermano mío!».

Yo confieso que, después de hundirme en el agitado golfo de sus libros, después de penetrar en el secreto de esa existencia única; después de ver esa alma llena de cicatrices y de heridas incurables, todo al eco de celestes o profanas músicas, siempre hondamente encantadoras; después de haber contemplado aquella figura imponente en su pena, aquel cráneo soberbio, aquellos ojos oscuros, aquella faz con algo de socrático, de pierrotesco y de infantil; después de mirar al dios caído, quizá castigado por olímpicos crímenes en otra vida anterior; después de saber la fe sublime y el amor furioso y la inmensa poesía que tenían por habitáculo aquel claudicante cuerpo infeliz, sentí nacer en mi corazón un doloroso cariño, que junté a la grande admiración por el triste maestro.

A mi paso por París, en 1893, me había ofrecido Enrique Gómez Carrillo presentarme a él. Este amigo mío había publicado una apasionada impresión, que figura en sus *Sensaciones de arte*, en la cual habla de una visita al cliente del hospital de Broussais: «Y allí le encontré, siempre dispuesto a la burla terrible, en una cama estrecha de hospital. Su rostro, enorme y simpático, cuya palidez extrema me hizo pensar en las figuras pintadas por Ribera, tenía un aspecto hierático. Su nariz pequeña se dilata a cada momento para aspirar con delicia el humo del cigarro. Sus labios gruesos, que se entreabren para recitar con amor las estrofas de Villon o para maldecir contra los poemas de Ronsard, conservan siempre su mueca original, en donde el vicio y la bondad se mezclan para formar la expresión de la sonrisa. Solo su barba rubia de cosaco había crecido un poco y se había encanecido mucho».

Por Gómez Carrillo penetramos en algunas interioridades de Verlaine. No era éste en ese tiempo el viejo gastado y débil que uno pudiera imaginarse; antes bien, «un viejo robusto». Decíase que padecía de pesadillas espantosas y visiones, en las cuales los recuerdos de la leyenda oscura y misteriosa de su vida se complicaban con la tristeza y el terror alcohólicos. Pasaba sus horas de enfermedad, a veces en un penoso aislamiento, abandonado y olvidado, a pesar de las bondadosas iniciativas de los Mendés o de los Léon Deschamps.

¡Dios mío! Aquel hombre, nacido para las espinas, para los garfios y los azotes del mundo, se me apareció como un viviente doble símbolo de la grandeza angélica y de la miseria humana. Angélico, lo era Verlaine; tiorba alguna, salterio alguno, desde Jacopone de Todi, desde Stabat Mater, ha alabado a la Virgen con la melodía filial, ardiente y humilde de Sagesse; lengua alguna como no sean las lenguas de los serafines prosternados, ha cantado mejor la carne y la sangre del Cordero; en ningunas manos han ardido mejor los sagrados carbones de la penitencia, y penitente alguno se ha flagelado los desnudos lomos con igual ardor de arrepentimiento que Verlaine cuando se ha desgarrado el alma misma, cuya sangre, fresca y pura, ha hecho abrirse rítmicas rosas de martirio.

Quien lo haya visto en sus *Confesiones*, en sus *Hospitales*, en sus otros libros íntimos, comprenderá bien al hombre —inseparable del poeta— y hallará que en ese mar, tempestuoso primero, muerto después, hay tesoros de perlas. Verlaine fue un hijo desdichado de Adán, en el que la herencia paterna apareció con mayor fuerza que en los demás. De los tres enemigos, quien menos mal le hizo fue el mundo. El demonio le atacaba; se defendía de él, como podía, con el escudo de la plegaria. La carne, sí, fue invencible e implacable. Raras veces ha mordido cerebro humano con más furia y ponzoña la serpiente del sexo. Su cuerpo era la lira del pecado. Era un eterno prisionero del deseo. Al andar, hubiera podido buscarse en su huella lo hendido del pie. Se extraña uno no ver sobre su frente los dos cuernecillos, puesto que en sus ojos podía verse aún pasar las visiones de las blancas ninfas, y en sus labios, antiguos conocidos de la flauta, solía aparecer el rictus del egipán. Como el sátiro de Hugo, hubiera dicho a la desnuda Venus, en el resplandor del monte sagrado: «*Vien nous m...*». Y ese carnal pagano aumentaba su lujuria primitiva y natural a medida que acrecía su concepción católica de la culpa.

Mas ¿habéis leído unas bellas historias renovadas por Anatole France de viejas narraciones hagiográficas, en las cuales hay sátiros que adoran a Dios y creen en su cielo y en sus santos, llegando en ocasiones hasta ser santos sátiros? Tal me parece *Pauvre Lelian* mitad cornudo flautista de la selva, violador de hamadríadas, mitad asceta del Señor, eremita que, extático, canta sus salmos. El cuerpo velloso sufre la tiranía de la sangre, la voluntad imperiosa de los nervios, la llama de la primavera, la afrodisia de la libre y fecunda montaña; el espíritu se consagra a la alabanza del padre, del Hijo, del santo Espíritu, y, sobre todo, de la maternal y casta Virgen; de modo que, al dar la tentación su clarinada, el espíritu, ciego, no mira: queda como en sopor, al son de la fanfarria carnal; pero tan luego como el sátiro vuelve al boscaje y el alma recobra su imperio y mira a la altura de Dios, la pena es profunda, el salmo brota. Así, hasta que vuelve a verse pasar a través de las hojas del bosque la cadera de Calisto...

Cuando el doctor Nordau publicó la obra célebre, digna del doctor Triboulat Bonhoment, *Entartung*, la figura de Verlaine, casi desconocida para la generalidad —y en la generalidad pongo a muchos de la élite en otros sentidos—, surgió por la primera vez en el más curiosamente abominable de los retratos. El poeta de Sagesse estaba señalado como uno de los más patentes casos demostrativos de la afirmación seudocientífica de que los modos estéticos contemporáneos son formas de descomposición intelectual. Muchos fueron los atacados: se defendieron algunos. Hasta el cabalístico Mallarmé descendió de su trípode para demostrar el escaso intelectualismo del profesor austroalemán, en su conferencia sobre la música y la literatura dada en Londres. *Pauvre Lelian* no se defendió a sí mismo. Comentaría, cuando más, el caso con algunos ¡dam! en el François I o en el D'Harcourt. Varios amigos discípulos le defendieron; entre todos, con vigor y maestría lo hizo Charles Tennib, y su hermoso y justificado ímpetu correspondió a la presentación del «caso» por Max Nordau:

«Tenemos ante nosotros la figura bien neta del jefe más famoso de los simbolistas. Vemos un espantoso degenerado, de cráneo asimétrico y rostro mongoloide, un vagabundo impulsivo, un dipsómano..., un erótico..., un soñador emotivo, débil de espíritu, que lucha dolorosamente contra sus malos instintos, y encuentra a veces en su angustia conmovedores acentos de queja; un místico cuya conciencia humosa está llena de representaciones de Dios y de los santos, y un viejo chocho, etc.»

En verdad que los clamores de ese generoso De Amicis contra la ciencia, que acaba de descuartizar a Leopardi, después de desventrar a Tasso, son muy justos e insuficientemente iracundos.

En la vida de Verlaine hay una nebulosa leyenda que ha hecho crecer una verde pradera en que ha pastado a su placer el *pan-muflisme*. No me detendré en tales miserias. En estas líneas, escritas al vuelo y en el momento de la impresión causada por su muerte, no puedo ser tan extenso como quisiera.

De la obra de Verlaine, ¿qué decir? Él ha sido el más grande de los poetas de este siglo. Su obra está esparcida sobre la faz del mundo. Suele ya ser vergonzoso para los escritores apteros oficiales no citar de cuando en cuando, siquiera sea para censurar sordamente, a Paul Verlaine. En Suecia y Noruega, los jóvenes amigos de Jonas Lee propagan la influencia artística del maestro. En Inglaterra, adonde iba a dar conferencias, gracias a los escritores nuevos, como Symons y los colaboradores del *Yellow Book*, el nombre ilustre se impone; la *New Review* daba sus versos en francés. En los Estados Unidos, antes de publicarse el conocido estudio de Symons en el *Harper's* —*The decadent movement in literature*—, la fama del poeta era conocida. En Italia, D'Annunzio reconoce en él a uno de los maestros que le ayudaron a subir a la gloria; Vittorio Pica y los jóvenes artistas de la *Tavola Rotonda* exponen sus doctrinas; en Holanda, la nueva generación literaria —nótese un estudio de Werwey— le saluda en su alto puesto; en España es casi desconocido, y serálo por mucho tiempo; solamente el talento de Clarín creo que lo tuvo en alta estima; en lengua española no se ha escrito aún nada digno de Verlaine, apenas lo publicado por Gómez Carrillo, pues las impresiones y notas de Bonafoux y Eduardo Pardo son ligerísimas.

Vayan, pues, estas líneas como ofrenda del momento. Otra será la ocasión en que consagre al gran Verlaine el estudio que merece. Por hoy, no cabe el análisis de su obra.

«Esta pata enferma me hace sufrir un poco; me proporciona, en cambio, más comodidad que mis versos, ¡que me han hecho sufrir tanto! Si no fuese por el reumatismo, yo no podría vivir de mis rentas. Estando bueno, no lo admiten a uno en el Hospital.»

Esas palabras pintan al hermano trágico de Villon:

—No era mala, estaba enferma su *animula, blandula, vagula*... ¡Dios la haya acogido en el cielo como en un hospital!

El conde Matías Augusto de Villiers de L'isle Adam

¡VA OULTRE! (Divisa de los Villiers de L'Isle-Adam.)

«Este era un rey...» Así, como en los cuentos azules, hubiera debido empezar la historia del monarca *raté*, pero prodigioso poeta, que fue en esta vida el conde Matías Felipe Augusto de Villiers de L'Isle-Adam. Puédese construir este fragmento de historia ideal: «Por aquel tiempo —fue a mediados del indecoroso siglo XIX—, el país de Grecia vio renacer su esplendor. Un príncipe semejante a los príncipes antiguos, se coronó en Atenas, y brilló como un astro real. Era descendiente de los caballeros de Malta; había en él algo del príncipe Hamlet y mucho del rey Apolo; hacía anunciar su paso con trompetas de plata; recorría los campos en carrozas heroicas, tiradas por cuadrillas de caballos blancos; echó de su reino a todos los ciudadanos de los Estados Unidos de Norteamérica; pensionó magníficamente a pintores, escultores y rimadores, de modo que las abejas áticas se despertaban a un sonido de cinceles y de liras; pobló de estatuas los bosques; hizo volver a los ojos de los pastores la visión de las ninfas y de las diosas; recibió la visita de un soberano soñador que se llamaba Luis de Baviera, señor hermoso como Lohengrin, y a quien amaba Loreley y vivía junto a un lago azul nevado de cisnes; llevó a Wagner a la armoniosa tierra del Olimpo, de modo que el bello Sol griego puso su aureola de oro en la divina frente de Euforión; envió embajadas a los países de Oriente y cerró las puertas del reino a los bárbaros occidentales; volvió gracias a él la gloria de las musas; y cuando murió no se supo si fue un águila o un unicornio quien llevó su cuerpo a un lugar misterioso.»

Pero la suerte, ¡oh, sire, oh excelso poeta! no quiso que se realizase ese adorable sueño, en este tiempo que ha podido envolver en la más alta apoteosis la abominable figura de un Franklin!

Villiers de L'Isle-Adam es un ser raro entre los raros. Todos los que le conocieron conservan de él la impresión de un personaje extraordinario.

A los ojos del hermético y fastuoso Mallarmé es un tipo de ilusión, un solitario —como las más bellas piedras y las más santas almas—: además, en todo y por todo, un rey; un rey absurdo si queréis, poético, fantástico;

pero un rey. Luego un genio. «El joven más magníficamente dotado de su generación», escribe Henry Laujol. Mendés exclama a propósito de Villiers, en 1884:

«¡Desgraciados los semidioses! Están demasiado lejos de nosotros para que les amemos como hermanos y demasiado cerca para que les adoremos como a maestros.» El tipo del semi-genio, descripto por el poeta de *Panteleia*, es verdadero. Más de una vez habréis pensado en ciertos espíritus que hubieran podido ser, como una chispa más del fuego celeste con que Dios forma los genios, genios completos, genios totales; pero que, águilas de cortas alas, ni pueden llegar a la suprema altura, como los cóndores, ni revolar en el bosque, como los ruiseñores.

Van más allá del talento los semi-genios; pero no tienen voz para decir, como en la página de Hugo, a las puertas de lo infinito: «Abrid; yo soy el Dante». Por lo tanto flotan aislados sin poder subir a las fortalezas titánicas de Shakespeare, ni acogerse a los kioscos floridos de Gautier. Y son desgraciados.

Hoy, ya publicada toda la obra de Villiers de L'Isle-Adam, no hay casi vacilación alguna en poder saludarle entre los espíritus augustos y superiores. Si genio es el que crea, y el que ahonda más en lo divino y misterioso, Villiers fue genio.

Nació para triunfar y murió sin ver su triunfo; descendiente de nobilísima familia, vivió pobre, casi miserable; aristócrata por sangre, arte y gustos, tuvo que frecuentar medios impropios de su delicadeza y realeza. Bien hizo Verlaine en incluirle entre sus poetas Malditos. Aquel orgulloso, del más justo orgullo; aquel artista que escribía: «¿Qué nos importa la justicia? Quien al nacer no trae en su pecho su propia gloria no conocerá nunca la significación real de esa palabra» —hizo su peregrinación por la tierra acompañado del sufrimiento, y fue un maldito.

Según Verlaine, y sobre todo, según su biógrafo y primo R. du Pontavice de Heussey, comenzó por escribir versos. Despertó a la poesía en la campaña bretona, donde, como Poe, tuvo un amor desgraciado, una ilusión dulce y pura que se llevó la muerte. Es de notarse que casi todos los grandes poetas han sufrido el mismo dolor: de aquí esa bella constelación de divinas difuntas que brillan milagrosamente en el cielo del arte, y que se llaman

Beatrice, Lady Rowena de Tremain; y la dama sublime que hizo vibrar con melodiosa tristeza el laúd de Dante Gabriel Rossetti. Villiers a los diecisiete años, cantaba ya:

> ¡Oh! vous souvenez vous, fôret délicieuse,
> de la jolie enfant qui passait gracieuse,
> souriant simplement au ciel, à l'avenir,
> se perdant avec moi dans ces vertes allées?
> ¡Eh bien! parmi les lis de vos sombres vallées
> vous ne la verrez plus venir.

Villiers no volvió a amar con el fuego de sus primeros años; esa casi infantil pasión, fue la más grande de su vida.

Advierte Gautier, al hablar en sus *Grotesques*, de Chapelain, cómo la familia de éste, contrariando el natural horror que los padres tienen por la carrera literaria, se propuso dedicarle a la poesía. El resultado fue dotar a las letras francesas de un excelente mal poeta. No fue así por cierto el caso de Villiers. Sus padres le alentaron en sus luchas de artista; desde los primeros años; por ley atávica existía en toda esa familia el sentimiento de las grandezas y la confianza en todas las victorias. Jamás dejaron de tener esperanza los buenos viejos —principalmente ese soberbio marqués, buscador de tesoros—, en que la cabeza de su Matías estaba destinada para la corona, ya fuese la de los reyes, o la verde y fresca de laurel. Si apenas logró entrever ésta en los últimos días de su existencia —a punto de que Verlaine le llamase «tres glorieux»— la de crucificado del arte llevó siempre clavada, el infeliz soñador.

Cuando Villiers llegó a París era el tiempo en que surgía el alba del Parnaso. Entre todos aquellos brillantes luchadores su llegada causó asombro. Coppée, Dierx, Heredia, Verlaine, le saludaron como a un triunfante capitán. Mallarmé dice: «¡Un genio!». Así lo comprendimos nosotros. El genio se reveló desde las primeras poesías, publicadas en un volumen dedicado al conde Alfred de Vigny. Luego, en la *Revue Fantaisiste* que dirigía Catulle Mendés, dio vida al personaje más sorprendente que haya animado la literatura de este siglo: el doctor Tribulat Bonhomet. Solamente un soplo de Shakespeare hubiera podido hacer vivir, respirar, obrar de ese modo, al tipo estupendo que encarna nuestro incomparable tiempo.

El doctor Tribulat Bonhomet, es una especie de don Quijote trágico y maligno, perseguidor de la Dulcinea del utilitarismo y cuya figura está pintada de tal manera, que hace temblar. La influencia misteriosa y honda de Poe ha prevalecido, es innegable, en la creación del personaje.

Oigamos a Huyssmans: habla de Des Esseintes: «Entonces se dirigía a Villiers de L'Isle-Adam, en cuya obra esparcida notaba observaciones aún sediciosas, vibraciones aún espamóticas; pero que ya no dardeaban —a excepción de su Claire Lenoir, al menos— un horror tan espantable...».

La historia de «discréte et scientifique personne, dame veuve Claire Lenoir», que es la misma en que aparece el doctor Bonhomet, tiene páginas en que se cree ver un punto más allá de lo desconocido.

Shakespeare y Poe han producido semejantes relámpagos, que medio iluminan, siquiera sea por un instante, las tinieblas de la muerte, el oscuro reino de lo sobrenatural. Este impulso hacia lo arcano de la vida persiste en obras posteriores, como los *Cuentos crueles*, los *Nuevos cuentos crueles*, *Isis* y una de las novelas más originales y fuertes que se hayan escrito: *La Eva futura*. Espiritualista convencido, el autor, apoyado en Hegel y en Kant, volaba por el orbe de las posibilidades, teniendo a su servicio la razón práctica, mientras tomaba fuerza para ascender y asir de su túnica impalpable a Psiquis. Tullia Fabriana, primera parte de *Isis*, acusa en Villiers, a los ojos de la crítica exigente, exageración romántica.

A esto no habría que decir sino que Tullia Fabriana fue el «Han de Islandia» de Villiers de L'Isle-Adam.

Su vida es otra novela, otro cuento, otro poema. De ella veamos, por ejemplo, la leyenda del rey de Grecia, apoyados en las narraciones de Laujol, Verlaine y B. Pontavice de Heussey. Dice el último: «En el año de gracia de 1863, en la época en que el gobierno imperial irradiaba con su más fulgurante brillo, faltaba un rey al pueblo de los helenos. Las grandes potencias que protegían a la heroica y pequeña nación a que Byron sacrificó su vida, Francia, Rusia, Inglaterra, se pusieron a buscar un joven tirano constitucional para darlo a su protegida. Napoleón III tenía en esta época voz preponderante en los congresos, y se preguntaban con ansiedad si él presentaría un candidato y si éste sería francés. En fin, los diarios aparecían llenos de decires y comentarios sobre ese asunto palpitante: la cuestión griega estaba a la orden del día. Los noticieros podían sin temor dar rienda suelta a la imaginación, pues mientras que las otras naciones parecían haber definitivamente escogido al hijo del rey de Dinamarca —el emperador, tan justamente llamado «el príncipe taciturno» por su amigo de días sombríos, Carlos Dickens el emperador, digo, continuaba callado y haciendo guardar su decisión. Así estaban las cosas, cuando una mañana de principios de marzo, el gran marqués (habla del padre de Villiers) entra como huracán en el triste salón de la calle Saint Honoré, blandiendo un diario sobre su cabeza y en un indescriptible estado de exaltación que pronto compartió toda la familia. He aquí en efecto la extraña noticia que publicaban esa mañana muchas hojas parisienses: «Sabemos de fuente autorizada que una nueva candidatura al trono de Grecia acaba de brotar. El candidato esta vez es un gran señor francés, muy conocido de todo París: el conde Matías Augusto de Villiers de L'Isle-Adam, último descendiente de la augusta línea que ha producido al heroico defensor de Rodas y al primer gran maestre de Malta. En la última recepción íntima del emperador, habiéndole a éste preguntado uno de sus familiares sobre el éxito que pudiera tener esta candidatura, su majestad ha sonreído de una manera enigmática. Todos nuestros votos al nuevo aspirante a rey». «Los que me han seguido hasta aquí se figurarán seguramente el efecto que debió producir en imaginaciones como las de la familia de Villiers semejante lectura, etc., etc.» Hasta aquí Pontevice. Sea, pase que haya habido en la noticia antes copiada, engaño o broma de algún mistificador; pero es el caso que en las Tullerías se le concedió una audiencia al flamante pretendiente, para tratar del asunto en cuestión. He allí que bien trajeado —ino, ah, con el manto, ni la ropilla, o la armadura de sus abuelos!— fue recibido el conde en el palacio real, por el duque de Bassano. Villiers vivía en el mundo de sus ensueños, y cualquier monarca moderno hubiera sido un buen burgués delante de él, a excepción de Luis de Baviera, el loco. Matías I, el poeta, desconcertó con sus rarezas al chambelán imperial; creyó ser víctima de ocultos enemigos, pensó una tragedia shakespeariana en pocos minutos; no quiso hablar sino con el emperador. «Il vous faudra donc prendre la peine de venir une autre fois, monsieur le comte, dis le duc en se levant; sa majesté était occupée et m'avait chargé de vous recevoir.»[9] Así concluyó la pretensión al trono de Grecia, y los griegos perdieron la oportunidad de ver resucitar los tiempos de Píndaro, bajo el poder de un rey lírico que hubiera tenido un verdadero cetro, una verdadera corona, un verdadero manto; y que desterrando las abominaciones occidentales —paraguas, sombrero de pelo, periódicos, constituciones, etc.—, la Civilización y el Progreso, con mayúsculas, haría florecer los viejos bosques fabulosos, y celebrar el triunfo de Homero, en templos de mármol, bajo los vuelos de las palomas y de las abejas, y al mágico son de las ilustres cigarras.

Hay otras páginas admirables en la vida de este magnífico desgraciado. Los comienzos de su vida literaria los han descripto afectuosamente y elogiosamente, Coppée, Mendés, Verlaine, Mallarmé, Laujol; los últimos momentos de su vida, nadie los ha pintado como el admirable Huyssmans. El asunto del progreso con motivo de *Perrinet Lecrerc*, drama histórico de Lockroy y Anicet Bourgeois, dio cierto relieve al nombre de Villiers; pues únicamente una alma como la suya hubiera intentado, con todo el fuego de su entusiasmo, salir a la defensa de un tan antiguo antepasado como el mariscal Jean de L'Isle-Adam, difamado en la pieza dramática antes nombrada. Después el duelo con el otro Villiers militar, que desdeñándole antes, al llegar el momento del combate, le abraza y reconoce su nobleza.

Algunas anécdotas y algunas palabras de Coppée:

Se refiere a la llegada de Villiers al cenáculo parnasiano: «Súbitamente en la asamblea de poetas un grito jovial fue lanzado por todos: ¡Villiers! ¡Es Villiers! Y de repente un joven de ojos azul pálido, piernas vacilantes, mordiendo un cigarro, moviendo con gesto capital su cabellera desordenada y retorciendo su corto bigote rubio, entra con aire turbado, distribuye apretones de mano distraídos, ve el piano abierto, se sienta, y, crispados sus dedos sobre el teclado, canta con voz que tiembla, pero cuyo acento mágico y profundo jamás olvidará ninguno de nosotros, una melodía que acaba de improvisar en la calle, una vaga y misteriosa melopea que acompañaba duplicando la impresión turbadora, el bello soneto de Baudelaire:

Nous aurons des lits pleins d'odeurs légères,

---

9 V. Poulavice.

Des divans profonds comme des tombeaux, etc.

Después, cuando todo el mundo está encantado, el cantor, mascullando las últimas notas de su melodía, se interrumpe bruscamente, se levanta, se aleja del piano, va como a ocultarse a un rincón del cuarto, y enrollando otro cigarrillo, lanza a su auditorio estupefacto un vistazo desconfiado y circular, una mirada de Hamlet a los pies de Ofelia, en la representación del asesinato de Gonzaga. Tal se nos apareció, hace dieciocho años en las amistosas reuniones de la rue de Douai, en casa de Catulle Mendés, el conde Auguste Villiers de L'Isle-Adam».

El año de 1875 se promovió un concurso en París, para premiar con una fuerte suma y una medalla, «al autor dramático francés que en una obra de cuatro o cinco actos, recordara más poderosamente el episodio de la proclamación de la independencia de los Estados Unidos, cuyo centésimo aniversario caía en 4 de julio de 1876». El tema habría regocijado al doctor Tribulat Bonhomet. Villiers se decidió a optar al premio y a la medalla.

El jurado estaba compuesto de críticos de los diarios, de Augier, Feuillet, Legouvé, Grenville, Murray, del *Herald* de New York, Perrin y, como presidente de honor, Victor Hugo. El conde Matías creó una obra ideal en un terreno prosaico y difícil.

No lo hubiera hecho de distinto modo el autor de los *Cuentos extraordinarios*. En resumen, y, naturalmente, no se ganó el premio.

Furioso, fulminante, se dirigió nada menos que a casa del dios Hugo, que en aquellos días estaba en la época más resplandeciente y autocrática de su imperio. Entró y lanzó sus protestas a la faz del César literario, a quien llegó a acusar de deslealtad, y a cuya chochez aludió.

Un señor había allí entre los príncipes de la corte, que se encaró con Villiers y le arrojó esta frase: «¡La probidad no tiene edad, señor!».

Villiers le midió con una vaga mirada, y muy dulcemente respondió al viejo: «Y la tontería tampoco, señor».[10]

Cuando Drumont hizo estallar su primer torpedo antisemita, con la publicación de la *France Juive*, los poderosos israelitas de París buscaron un escritor que pudiese contestar victoriosamente la obra formidable del panfle-

---

10   Poulavice, *Vida de Villiers*.

tista. Alguien indicó a Villiers, cuya pobreza era conocida; y se creyó comprar su limpia conciencia, y su pluma. Enviáronle con este objeto un comisionado, sujeto de verbo y elegancia, comerciante y hombre de mundo. Este penetró a la humilde habitación del poeta insigne, le babeó sus adulaciones mejor hiladas, le puso sobre el techo de la sinagoga, le expuso las injusticias persistentes e implacables del rabioso Drumont y, por último, suplicó al descendiente del defensor de Rodas, dijese cuál era el precio de sus escritos, pues éste sería pagado en buenos luises de oro inmediatamente. Quizá no habría comido Villiers ese día en que dio esta incomparable respuesta: «¿Mi precio, señor? No ha cambiado desde Nuestro Señor Jesucristo: ¡treinta dineros!».

A Anatole France, cuando llegó un día a pedirle datos sobre sus antepasados:

«—¡Cómo! ¡queréis que os hable del ilustre gran maestre y del célebre mariscal, mis antepasados, así no más, en pleno Sol y a las diez de la mañana!»

En la mesa del pretendido delfín de Francia Naundorff, con motivo de un rasgo de soberbia y de desprecio que tuvo aquél para con un buen servidor, el conde de F... y en momentos en que este pobre anciano se retiraba llorando avergonzado:

«—Sire, bebo por vuestra majestad. Vuestros títulos son decididamente indiscutibles. ¡Tenéis la ingratitud de un rey!»

En sus últimos días, a un amigo:

«—¡Mi carne está ya madura para la tumba!»

Y como estas, innumerables frases, arranques, originalidades que llenarían un volumen.

Su obra genial forma un hermoso zodiaco, impenetrable para la mayoría: resplandeciente y lleno de los prestigios de la iniciación, para los que pueden colocarse bajo su círculo de maravillosa luz. En los *Cuentos crueles*, libro que con justicia Mendés califica de «libro extraordinario», Poe y Swift aplauden.

El dolor misterioso y profundo se os muestra, ya con una indescriptible, falsa y penosa sonrisa, ya al húmedo brillo de las lágrimas. Pocos han reído tan amargamente como Villiers. *Le Nouveau Monde*, ese drama confuso en el cual cruza como una creación fantástica la protagonista —obra ante la cual Maeterlink debe inclinarse, pues si hay hoy, drama simbolista, quien dio la nota inicial fue Villiers—, *Le Nouveau Monde*, digo, aunque difícilmente representable, queda como una de las manifestaciones más poderosas de la moderna dramática. El esfuerzo estético principal consiste a mi modo de ver, en la presentación de un personaje como mistress Andrews —en el medio norteamericano, de suyo refractario a la verdadera poesía—, tipo rodeado de una bruma legendaria, hasta convertirse en una figura vaporosa, encantada y poética. A Edith Evandale sonríen cariñosa y fraternalmente las heroínas de las baladas sajonas. *La Eva futura* no tiene precedente ninguno; es obra cósmica y única; obra de sabio y de poeta; obra de la cual no puede hablarse en pocas palabras. Sea suficiente decir que pudieran en su frontispicio grabarse, como un símbolo, la Esfinge y la Quimera; que la andreida creada por Villiers no admite comparación alguna, a no ser que sea con la Eva del Eterno padre; y que al acabar de leer la última página, os sentís conmovidos, pues creéis escuchar algo de lo que murmura la Boca de Sombra. Cuando Edison estuvo en París en 1889, alguien le hizo conocer esa novela en que el Brujo es el principal protagonista. El inventor del fonógrafo quedó sorprendido. «He aquí dijo, un hombre que me supera: ¡yo invento; él crea!» *Ellen* y *Morgane*, dramas. La fantasía despliega sus juegos de colores, sus irisados abanicos. *Akedysseril*, la India con sus prestigios y visiones; coros de guerreras y guerreros, el himno de ladnour-Veda y la palabra de la felicidad; evocaciones de antiguos cultos y de liturgias suntuosas y bárbaras; sacrificios y plegarias; un poema de Oriente, en el cual la reina Akedysseril aparece, hierática y suprema, vencedora en su esplendorosa majestad.

No cabría en los límites de este artículo una completa reseña de las obras de Villiers; pero es imposible dejar de recordar a *Axel*, el drama que acaba de presentarse en París, gracias a los esfuerzos de una noble y valiente escritora: Madame Tola Doirán.

Axel, es la victoria del deseo sobre el hecho; del amor ideal sobre la posesión. Llégase hasta renegar —según la frase de Janus— de la naturaleza, para realizar la ascensión hacia el espíritu absoluto. Axel como Lohengrin, es casto; fin de esa pasión ardorosa y pura, no puede tener más desenlace que la muerte.

Ese poema dramático, escrito en un luminoso, diamantino lenguaje, representado por excelentes artistas, y aplaudido por una muchedumbre de admiradores de poetas, de oyentes escogidos —sin que dejase de haber, según las crónicas, gentes «malfilatres», como diría el inmortal maestro—, hubiera sido para él conquista soberana en vida. ¡Mas quien fue tan desventurado, no tuvo ni esa realización de uno de sus más fervientes deseos, en tiempos en que se ponía los pantalones de su primo y tomaba por todo alimento diario una taza de caldo!

En 1889, en el establecimiento de los hermanos de san Juan de Dios, de París, el conde Matías Augusto de Villiers de L'Isle-Adam, descendiente de los señores de Villiers de L'Isle-Adam, de Chailly, originarios de la Isla de Francia; quien tuvo entre sus antepasados a Pedro, gran maestre y porta-oriflama de Francia a Felipe gran maestre de la orden de Malta y defensor de la isla de Rodas en el sitio impuesto por la fuerza de Solimán; y a Francisco, marqués, «gran louvetier de France» en 1550; se unía, en matrimonio, en el lecho de muerte, a una pobre muchacha inculta con la cual había tenido un hijo. El reverendo padre Silvestre, que había ayudado a bien morir a Barbey d'Aurevilly, casó al conde con su humilde y antigua querida, la cual le había amado y servido con adoración en sus horas amargas de enfermo y de pobre; —y el mismo fraile preparóle para el eterno viaje. Luego, después de recibir los sacramentos, rodeado de unos pocos amigos, entre los cuales Huyssmans, Mallarmé y Dierx, entregó su alma a Dios el excelso poeta, el raro artista, el rey, el soñador. Fue el 20 de agosto de 1889. Sire, «¡Va oultre!».

Léon Bloy

Je suis escorté de quelqu'un qui me chuchote sans cesse que la vie bien entendue doit être une continuelle persécution, et tout homme vaillant un persécuteur et que c'est là la seule manière d'être vraiment poète. Persécuteur de soimême, persécuteur du genre humain, persécuteur de Dieu. Celui qui n'est pas cela, soit en acte, soit en puissance, est indigne de respirer.
Léon Bloy. (Prefacio de *Propos d'un entrepreneur de démolitions*.)

Cuando William Ritter llama a Léon Bloy «el verdugo de la literatura contemporánea», tiene razón.

Monsieur de París vive sombrío, aislado, como en un ambiente de espanto y de siniestra extrañeza. Hay quienes le tienen miedo; hay muchos que le odian; todos evitan su contacto, cual si fuese un lazarino, un apestado; la familiaridad con la muerte ha puesto en su ser algo de espectral y de macabro; en esa vida lívida no florece una sola rosa. ¿Cuál es su crimen? Ser el brazo de la justicia. Es el hombre que decapita por mandato de la ley. Léon Bloy es el voluntario verdugo moral de esta generación, el Monsieur de París de la literatura, el formidable e inflexible ejecutor de los más crueles suplicios; él azota, quema, raja, empala y decapita; tiene el knut y el cuchillo, el aceite hirviente y el hacha: más que todo, es un monje de la santa Inquisición, o un profeta iracundo que castiga con el hierro y el fuego y ofrece a Dios el chirrido de las carnes quemadas, las disciplinas sangrientas, los huesos quebrantados, como un homenaje, como un holocausto. «¡Hijo mío predilecto!» le diría Torquemada.

Jamás veréis que se le cite en los diarios; la prensa parisiense, herida por él, se ha pasado la palabra de aviso: «silencio».

Lo mejor es no ocuparse de ese loco furioso; no escribir su nombre, relegar a ese vociferador al manicomio del olvido... Pero resulta que el loco clama con una voz tan tremenda y tan sonora, que se hace oír como un clarín de la Biblia. Sus libros se solicitan casi misteriosamente; entre ciertas gentes su nombre es una mala palabra; los señalados editores que publican sus obras, se lavan las manos; Tresse, al dar a luz *Propos d'un entrepreneur de démolitions*, se apresura a declarar que Léon Bloy es un rebelde, y que si se hace cargo de su obra, «no acepta de ninguna manera la solidaridad de esos juicios o de esas apreciaciones, encerrándose en su estricto deber de editor y de "marchand de curiosités littéraires"».

Léon Bloy sigue adelante cargado con su montaña de odios, sin inclinar su frente una sola línea. Por su propia voluntad se ha consagrado a un cruel sacerdocio. Clama sobre París como Isaías sobre Jerusalén: «¡príncipes de Sodoma, oíd la palabra de Jehová; escuchad la ley de nuestro Dios, pueblo de Gomorra!». Es ingenuo como un primitivo, áspero como la verdad, robusto como un sano roble. Y ese hombre que desgarra las entrañas de sus víctimas, ese salvaje, ese poseído de un deseo llameante y colérico, tiene un inmenso fondo de dulzura, lleva en su alma fuego de amor de la celeste hoguera de los serafines. No es de estos tiempos. ¡Si fuese cierto que las almas transmigran!, diríase que uno de aquellos fervorosos combatientes de las Cruzadas, o más bien, uno de los predicadores antiguos que arengaban a los reyes y a los pueblos corrompidos, se ha reencarnado en Léon Bloy, para venir a luchar por la ley de Dios y por el ideal, en esta época en que se ha cometido el asesinato del Entusiasmo y el envenenamiento del alma popular. Él desafía, desenmascara, injuria. Desnudo de deshonras y de vicios, en el inmenso circo, armado de su fe, provoca, escupe, desjarreta, estrangula las más temibles fieras: es el gladiador de Dios. Mas sus enemigos, los «espadachines del Silencio», pueden decirle, gracias a la incomparable vida actual:

«los muertos que vos matáis,
gozan de buena salud.»

¡Ah, desgraciadamente es la verdad! Léon Bloy ha rugido en el vacío. Unas cuantas almas han respondido a sus clamores; pero mucho es que sus propósitos de demoledor, de perseguidor, no le hayan conducido a un verdadero martirio, bajo el poder de los Dioclecianos de la canalla contemporánea. Decir la verdad es siempre peligroso, y gritarla de modo tremendo como este inaudito campeón es condenarse al sacrificio voluntario. Ello ha hecho; y tanto, que sus manos capaces de desquijarar leones, se han ocupado en apretar el pescuezo de más de un perrillo de cortesana. He dicho que la gran venganza ha sido el silencio. Se ha querido aplastar con esa plancha de plomo al sublevado, al raro, al que viene a turbar las alegrías carnavalescas con sus imprecaciones y clarinadas. Por eso la crítica oficial ha dejado en la sombra sus libros y sus folletos. De ellos quiero dar siquiera sea una ligera idea.

¡Este Isaías, o mejor, este Ezequiel, apareció en el «Chat Noir»!

«Llego de tan lejos como de la Luna, de un país absolutamente impermeable a toda civilización como a toda literatura. He sido nutrido en medio de bestias feroces, mejores que el hombre, y a ellas debo la poca benignidad que se nota en mí. He vivido completamente desnudo hasta estos últimos tiempos, y no he vestido decentemente sino hasta que entré al "Chat Noir".»[11] Fue Rodolfo Salís, «le gentil homme cabaretier», quien le ayudó a salir a flote en el revuelto mar parisiense.

Escribió en el periódico del «cabaret» famoso, y desde sus primeros artículos se destacaron su potente originalidad y su asombrosa bravura. Entre las canciones de los cancioneros y los dibujos de Villete, crepitaban los carbones encendidos de sus atroces censuras; esa crítica no tenía precedentes; esos libelos resplandecían; ese bárbaro abofeteaba con manopla de un hierro antiguo; jinete inaudito, en el caballo de Saulo, dejaba un reguero de chispas sobre los guijarros de la polémica. Sorprendió y asustó. Lo mejor, para algunos, fue tomarlo a risa. ¡Escribía en el «Chat Noir»! Pero llegó un día en que su talento se demostró en el libro; el articulista «cabaretier» publicó *Le Revelateur du Globe*, y ese volumen tuvo un prólogo nada menos que de Barbey d'Aurevilly.

Sí, el condestable presentó al verdugo. El conde Roselly de Lorgues había publicado su *Historia de Cristóbal Colón* como un homenaje; y al mismo tiempo como una protesta por la indiferencia universal para con el descubridor de América. Su obra no obtuvo el triunfo que merecía en el público ebrio y sediento de libros de escándalo; en cambio, Pío IX la tomó en cuenta y nombró a su autor postulante de la Causa de Beatificación de Cristóbal Colón, cerca de la Sagrada Congregación de los Ritos. La historia escrita por el conde Roselly de Lorgues y su admiración por el *Revelador del globo* inspiraron a Léon Bloy ese libro que, como he dicho, fue apadrinado por el nobilísimo y admirable Barbey d'Aurevilly. Barbey aplaudió al «oscuro», al

---

11   *Le dixième cercle de l'Enfer.*

olvidado de la Crítica. Hay que advertir que Léon Bloy es católico, apostólico, romano intransigente, acerado y diamantino. Es indomable e inrayable: y en su vida íntima no se le conoce la más ligera mancha ni sombra. Por tanto, repito, estaba en la oscuridad, a pesar de sus polémicas. No había nacido ni nacería el onagro con cuya piel pudiera hacer sonar su bombo en honor del autor honrado, el periodismo prostituido.

La fama no prefiere a los católicos. Hello y Barbey, han muerto en una relativa oscuridad. Bloy, con hombros y puños, ha luchado por sobresalir, ¡y apenas si lo ha logrado! En su *Revelador del globo* canta un himno a la Religión, celebra la virtud sobrenatural del Navegante, ofrece a la iglesia del Cristo una palma de luz. Barbey se entusiasmó, no le escatimó sus alabanzas, le proclamó el más osado y verecundo de los escritores católicos, y le anunció el día de la victoria, el premio de sus bregas. Le preconizó vencedor y famoso. No fue profeta. Rara será la persona que, no digo entre nosotros, sino en el mismo París, si le preguntáis: «¿Avez-vous la Baruch?» ¿ha leído usted algo de Léon Bloy? responda afirmativamente. Está condenado por el papado de lo mediocre: está puesto en el índice de la hipocresía social; y, literariamente, tampoco cuenta con simpatías, ni logrará alcanzarlas, sino en número bastante reducido. No pueden saborearle los asiduos gustadores de los jarabes y vinos de la literatura a la moda, y menos los comedores de pan sin sal, los porosos fabricantes de crítica exegética, cloróticos de estilo, raquíticos o cacoquimios. ¡Cómo alzará las manos, lleno de espanto, el rebaño de afeminados, al oír los truenos de Bloy, sus fulminantes escatalogías, sus «cargas» proféticas y el estallido de sus bombas de dinamita fecal!

Si el *Revelador del globo* tuvo muy pocos lectores, los *Propos*, con el atractivo de la injuria circularon aquí, allá; la prensa, naturalmente, ni media palabra. Aquí se declara Bloy el perseguidor y el combatiente. Vese en él una ansia de pugilato, un gozo de correr a la campaña semejante al del caballo bíblico, que relincha al oír el son de las trompetas. Es poeta y es héroe y pone aliado del peligro su fuerte pecho. Él escucha una voz sobrenatural que le impulsa al combate. Como san Macario Romano, vive acompañado de leones, mas son los suyos fieros y sanguinarios y los arroja sobre aquello que su cólera señala.

Este artista —porque Bloy es un grande artista— se lamenta de la pérdida del entusiasmo, de la frialdad de estos tiempos para con todo aquello que por el cultivo del ideal o los resplandores de la fe nos pueda salvar de la banalidad y sequedad contemporánea. Nuestros padres eran mejores que nosotros, tenían entusiasmo por algo; buenos burgueses de 1830, valían mil veces más que nosotros. Foy, Beranger, la Libertad, Victor Hugo, eran motivos de lucha, dioses de la religión del Entusiasmo. Se tenía fe, entusiasmo por alguna cosa. Hoy es el indiferentismo como una anquilosis moral; no se piensa con ardor en nada, no se aspira con alma y vida a ideal alguno. Eso poco más o menos piensa el nostálgico de los tiempos pasados, que fueron mejores.

Una de las primeras víctimas de *Propos* elegida por el Sacrificador, es un hermano suyo en creencias, un católico que ha tenido en este siglo la preponderancia de guerrero oficial de la Iglesia, por decir así, Luis Veuillot. A los veintidós días de muerto el redactor de *L'Univers*, publicó Bloy en la *Nouvelle Revue* una formidable oración fúnebre, una severísima apreciación sobre el periodista mimado de la curia. Naturalmente, los católicos inofensivos protestaron, y el innumerable grupo de partidarios del célebre difunto señaló aquella producción como digna de reproches y excomuniones. Bloy no faltó a la caridad —virtud real e imperial en la tierra y en el cielo—; lo que hizo fue descubrir lo censurable de un hombre que había sido elevado a altura inconcebible por el espíritu de partido, y endiosado a tal punto que apagó con sus aureolas artificiales los rayos de astros verdaderos como los Hello y Barbey. Bloy no quiere, no puede permanecer con los labios cerrados delante de la injusticia; señaló al orgulloso, hizo resaltar una vez más la carneril estupidez de la Opinión —esfinge con cabeza de asno, que dice Pascal—, y demostró las flaquezas, hinchazones, ignorancias, vanidades, injusticias y aun villanías del celebrado y triunfante autor del *Perfume de Roma*. Si a los de su gremio trata implacable Léon Bloy, con los declarados enemigos es dantesco en sus suplicios; a Renan ¡al gran Renan! le empala sobre el bastón de la pedantería; a Zola le sofoca en un ambiente sulfídrico. Grandes, medianos y pequeños son medidos con igual rasero. Todo lo que halla al alcance de su flecha, lo ataca ese sagitario del moderno Bajo Imperio social e intelectual. Poctevin, a quien él con clara injusticia llama «un monsieur

Francis Poctevin», sufre un furibundo vapuleo; Alejandro Dumas padre es el «hijo mayor de Caín»; a Nicolardet le revuelca y golpea a puntapiés; con Richepin es de una crueldad horrible; con Tules Vallés despreciativo e insultante; flagela a Villette, a quien había alabado, porque prostituyó su talento en un dibujo sacrílego; no es miel la que ofrece a Coquelin Cadet; al padre Didon le presenta grotesco y malo; a Catulle Mendés... ¡qué pintura la que hace de Mendés!; con motivo de una estatua de Coligny, recordando *La cólera del bronce*, de Hugo, en su prosa renueva la protesta del bronce colérico... Azota a Flor O'Squarr, novelista anticlerical; la fracmasonería recibe un aguacero de fuego. Hay alabanzas a Barbey, a Rollinat, a Godeau, a muy pocos. Bloy tiene el elogio difícil.

De *Propos* dice con justicia uno de los pocos escritores que se hayan ocupado de Bloy, que son el testamento de un desesperado, y que después de escribir ese libro, no habría otro camino, para su autor, si no fuese católico, que el del suicidio. No hay en Léon Bloy injusticia sino exceso de celo. Se ha consagrado a aplicar a la sociedad actual los cauterios de su palabra nerviosa e indignada. Donde quiera que encuentra la enfermedad la denuncia. Cuando fundó *Le Pal*, despedazó como nunca. En este periódico que no alcanzó sino a cuatro números, desfilaban los nombres más conocidos de Francia bajo una tempestad de epítetos corrosivos, de frases mordientes, de revelaciones aplastadoras. El lenguaje era una mezcla de deslumbrantes metáforas y bajas groserías, verbos impuros y adjetivos estercolarios. Como a todos los grandes castos, a Léon Bloy le persiguen las imágenes carnales; y a semejanza de poetas y videntes como Dante y Ezequiel, levanta las palabras más indignas e impronunciables y las engasta en sus metálicos y deslumbrantes períodos.

Le Pal es hoy una curiosidad bibliográfica, y la muestra más flagrante de la fuerza rabiosa del primero de los «panfletistas» de este siglo.

Llegamos a *El desesperado*, que es a mi entender la obra maestra de Léon Bloy. Más aun: juzgo que ese libro encierra una dolorosa autobiografía.

El desesperado es el autor mismo, y grita denostando y maldiciendo con toda la fuerza de su desesperación.

En esa novela, a través de seudónimos transparentes y de nombres fonéticamente semejantes a los de los tipos originales, se ven pasar las figuras de los principales favoritos de la Gloria literaria actual, desnudos, con sus lunares, cicatrices, lacras y jorobas. Marchenoir, el protagonista, es una creación sombría y hermosa aliado de la cual aparecen los condenados por el inflexible demoledor, como cadena de presidiarios. Esos galeotes tienen nombres ilustres: se llaman Paul Bourget, Sarcey, Daudet, Catulle Mendés, Armand Silvestre, Jean Richepin, Bergerat, Jules Vallés, Wolff, Bounetain y otros, y otros. Nunca la furia escrita ha tenido explosión igual.

Para Bloy no hay vocablo que no pueda emplearse. Brotan de sus prosas emanaciones asfixiantes, gases ahogadores. Pensaríase que pide a Ezequiel una parte de su plato, en la plaza pública... Y en medio de tan profunda rabia y ferocidad indomable, ¡cómo tiembla en los ojos del monstruo la humedad divina de las lágrimas; cómo ama el loco a los pequeños y humildes; cómo dentro del cuerpo del oso arde el corazón de Francisco de Asís! Su compasión envuelve a todo caído, desde Caín hasta Bazaine.

Esa pobre prostituta que se arrepiente de su vida infame y vive con Marchenoir, como pudiera vivir María Egipcíaca con el monje Zózimo, en amor divino y plegaria, supera a todas las Magdalenas. No puede pintarse el arrepentimiento con mayor grandeza y Léon Bloy, que trata con hondo afecto la figura de la desgraciada, en vez de escribir obra de novelista ha escrito obra de hagiógrafo, igualando en su empresa, por fervor y luces espirituales, a un Evagrio del Ponto, a un san Atanasio, a un fra Domenico Cavalca. Su arrepentida es una santa y una mártir: jamás del estiércol pudiera brotar flor más digna del paraíso. Y Marchenoir es la representación de la inmortal virtud, de la honradez eterna, en medio de las abominaciones y de los pecados; es Lot en Sodoma. *El desesperado* como obra literaria encierra, fuera del mérito de la novela, dos partes magistrales: una monografía sobre la Cartuja, y un estudio sobre el Simbolismo en la historia, que Charles Morice califica de «único», muy justamente.

Un brelan d'excomunniés, tríptico soberbio, las imágenes de tres excomulgados: Barbey d'Aurevilly, Ernest Hello, Paul Verlaine: «El Niño terrible», «El Loco» y «El Leproso». ¿No existe en el mismo Bloy un algo de cada uno de ellos? Él nos presenta a esos tres seres prodigiosos; Barbey, el dandy gentilhombre, a quien se llamó el duque de Guisa de la literatura, el escritor feudal que ponía encajes y galones a su vestido y a su estilo, y que por noble y grande hubiera podido beber en el vaso de Carlomagno; Hello, que poseyó el verbo de los profetas y la ciencia de los doctores; Verlaine, *Pauvre Lelian*, el desventurado, el caído, pero también el armonioso místico, el inmenso poeta del amor inmortal y de la Virgen. Ellos son de aquellos raros a quienes Bloy quema su incienso, porque al par que han sido grandes, han padecido naufragios y miserias.

Como una continuación de su primer volumen sobre el *Revelador del globo*, publicó Bloy, cuando el duque de Veraguas llevó a la tauromaquia a París, su libro *Christophe Colombo devant les taureaux*. El honorable ganadero de las Españas no volverá a oír sobre su cabeza ducal una voz tan terrible hasta que escuche el clarín del día del juicio. En ese libro alternan sones de órgano con chasquidos de látigos, himnos cristianos y frases de Juvenal; con un encarnizamiento despiadado se asa al noble taurófilo en el toro de bronce de Falaris. La Real Academia de la Historia, Fernández Duro, el historiógrafo yankee Harisses, son también objeto de las iras del libelista. Dé gracias a Dios el que fue mi buen amigo don Luis Vidart de que todavía no se hubiesen publicado en aquella ocasión sus folletos anticolombinos. Bloy se proclamó caballero de Colón en una especie de sublime quijotismo, y arremetió contra todos los enemigos de su santo genovés.

Y he aquí una obra de pasión y de piedad, *La caballera de la muerte*. Es la presentación apologética de la blanca paloma real sacrificada por la Bestia revolucionaria, y al propio tiempo la condenación del siglo pasado, «el único siglo indigno de los fastos de nuestro planeta, dice William Ritter, siglo que sería preciso poder suprimir para castigarle por haberse rebajado tanto». En estas páginas, el lenguaje, si siempre relampagueante, es noble y digno de todos los oídos.

El panegirista de María Antonieta ha elevado en memoria de la reina guillotinada un mausoleo heráldico y sagrado, al cual todo espíritu aristocrático y superior no puede menos que saludar con doloroso respeto.

Los dos últimos libros de Bloy son *Le Salut par les juifs* y *Sueur de sang*.

El primero no es por cierto en favor de los perseguidos israelitas; más también los rayos caen sobre ciertos malos católicos: la caridad frenética de Bloy comienza por casa. El segundo es una colección de cuentos militares, y que son a la guerra franco-prusiana lo que el aplaudido libro de d'Esparbès a la epopeya napoleónica; con la diferencia de que allá os queda la impresión gloriosa del vuelo del águila de la leyenda, y aquí la Francia suda sangre... Para dar una idea de lo que es esta reciente producción, baste con copiar la dedicatoria:

> A LA MÉMOIRE DIFFAMÉE
> De François-Achille Bazaine
> Maréchal de l'Empire
> *Qui porta les péchés de toute la France.*

Están los cuentos basados en la realidad, por más que en ellos se llegue a lo fantástico. Es un libro que hace daño con sus espantos sepulcrales, sus carnicerías locas, su olor a carne quemada, a cadaverina y a pólvora. Bloy se batió con el alemán de soldado raso; y odio como el suyo al enemigo, no lo encontraréis. *Sueur de sang* fue ilustrado con tres dibujos de Henry de Groux, macabros, horribles, vampirizados.

Robusto, como para las luchas, de aire enérgico y dominante, mirada firme y honrada, frente espaciosa coronada por una cabellera en que ya ha nevado, rostro de hombre que mucho ha sufrido y que tiene el orgullo de su pureza: tal es Léon Bloy.

Un amigo mío, católico, escritor de brillante talento, y por el cual he conocido al Perseguidor, me decía: «Este hombre se perderá por la soberbia de su virtud, y por su falta de caridad». Se perdería si tuviese las alucinaciones de un Lamennais, y si no latiese en él un corazón antiguo, lleno de verdadera fe y de santo entusiasmo.

Es el hombre destinado por Dios para clamar en medio de nuestras humillaciones presentes. Él siente que «alguien» le dice al oído que debe cumplir con su misión de Perseguidor, y la cumple, aunque a su voz se hagan los indiferentes los «príncipes de Sodoma» y las «archiduquesas de Gomorra». Tiene la vasta fuerza de ser un fanático. El fanatismo, en cualquier terreno, es el calor, es la vida: indica que el alma está toda entera en su obra de elección. ¡El fanatismo es soplo que viene de lo alto, luz que irradia en los nimbos y aureolas de los santos y de los genios!

Jean Richepin

A propósito de *Mes Paradis*

Para frontispicio de estas líneas, ¿qué pintor, qué dibujante puede darme retrato mejor que el que ha hecho Teodoro de Banville, en este precioso esmalte?

«Este cantor, de toisón y negro rostro ambarino, ha resuelto parecerse a un príncipe indio, sin duda con el objeto de poder desparramar, sin llamar la atención, un montón de perlas, de rubíes, de zafiros y de crisólitos. Sus cejas rectas casi se juntan, y sus ojos hundidos, de pupilas grises, estriados y circulados de amarillo, permanecen comúnmente como durmientes y turbados, coléricos, lanzan relámpagos de acero. La nariz pequeña, casi recta, redondamente terminada, tiene las ventanillas móviles y expresivas; la boca pequeña, roja, bien modelada y dibujada, finamente voluptuosa y amorosa; los dientes cortos, estrechos, blancos, bien ordenados, sólidos como para comer hierro; dan una original y viril belleza al poeta de las *Caricias*. La largura avanzada de la mandíbula inferior, desaparece bajo la linda barba rizada y ahorquillada; y ocultando sin duda una alta y espaciosa frente, de la cima del cráneo se precipita hasta sobre los ojos una mar de hondas apretadas: es la espesa y brillante y negra y ondulante cabellera.» Confrontando esta pintura con la agua-fuerte de Léon Bloy, la fisonomía adquiere sus rasgos absolutos: sea al amor de aquella cariñosa efigie, o al corrosivo efecto de los ácidos del panfletista, la figura de Richepin es interesante y hermosa. Robusto y gallardo, tiene a orgullo el ser turanio, bohemio, cómico y gimnasta. Hace sus versos a su imagen y semejanza, bien vertebrados y musculosos; monta bien en Pegaso como domaría potros en la pampa; alza los cantos metálicos de sus poemas como un hércules sus esferas de hierro, y juega con ellos, haciendo gala de bíceps, potente y sanguíneo. En el feudalismo artístico en que Hugo es burgrave, Richepin es barón bárbaro, gran cazador cuyo cuerno asorda el bosque y a cuyo halalí pasa la tempestuosa tropa cinegética, en un galope ronco y sonoro, tras la furia erizada y fugitiva de los jabalíes y los vuelos violentos de los ciervos.

Los que le colocan en el principado del «cabotinismo», ¿no creen que tenga derecho este hombre fuerte a cortarle la cola a su león?

No son pocos los golpes que ha recibido y recibe, desde la catapulta de Bloy hasta las flechas rabelesianas de Laurent Tailhade. A todos resiste, acorazando su carne de atleta con las planchas de bronce de su confiada soberbia. Busca lo rojo, como los toros, los negros y las mujeres andaluzas, princesas de los claveles: de sus instrumentos el tímpano y la trompeta; de sus bebidas el vino, hermano de la sangre; de sus flores las rosas pletóricas: de su mar las ásperas sales, los yodos y los fósforos. Como Baudelaire, revienta petardos verbales para espantar esas cosas que se llaman «las gentes». No de otro modo no puede tomarse la ocurrencia que Bloy asegura haber oído de sus labios, superior, indudablemente, a la del jardinero de las *Flores del mal*, que alababa el sabor de los sesos de niño...

La «chanson des gueux», fue la fanfarria que anunció la entrada de ese vencedor que se ciñó su corona de laureles en los bancos de la policía correccional. «Mon livre n'a point de feuille de vigne et je m'en flatte.» Voluntariamente encanallado, canta a la canalla, se enrola en las turbas de los perdidos, repite las canciones de los mendigos, los estribillos de las prostitutas; engasta en un oro lírico las perlas enfermas de los burdeles; Píndaro «atorrante» suelta las alondras de sus odas desde el arrollo. Los jaques de Quevedo no vestían los harapos de púrpura de esos jaques; los borrachos de Villón no cantaban más triunfantemente que esos borrachos. Cínica y grosera, la musa arremangada baila un «chahut» vertiginoso; vemos a un mismo tiempo el Moulin Rouge y el Olimpo; las páginas están impregnadas de acres perfumes; brilla la tea anárquica; los pobres cantan la canción del oro; el coro de las nueve hermanas, ya en ritmos tristes o en rimas joviales, se expresa en «argot»; la Miseria, gitana pálida y embriagada, danza un prodigioso paso, y de Orión y Arturo forma sus castañuelas de oro. La creación tiene su himno; las bestias, las plantas, las cosas, exhalan su aliento o su voz; los jóvenes vagabundos se juntan con los ancianos limosneros; el son del pifferaro responde a la romanza gastada del organillo. Oíd un canto a Raul Pouchon, valiente cancionero de París, mientras rimando una frase en griego de Platón, se prepara el juglar a disculparse de su amor por las máscaras, apoyado en el brazo de Shakespeare.

Se ha dicho que no es la voz de los verdaderos «gueux» la que ha sonado en la bocina de Richepin, y que su sentimiento popular es falsificado; el mismo Arístides Bruant, clarín de la canción, le aplaude con reseñas y señala su falta de sinceridad. No he de juzgar por esto menos poeta a quien ha revestido con las más bellas preseas de la armonía el poema vasto y profundo de los miserables.

En *Las caricias* se ve al virtuoso, al ejecutante, al organista del verso; acuña sonetos como medallas y esterlinas; tiene la ligereza y el vigor; chispas y llamaradas, saltantes «pizzicati» y prestigiosas fugas.

Como tirada por catorce cisnes, la barca del soneto recorre el lago de la universal poesía; a su paso saluda el piloto paraísos de Grecia, encantadas islas medioevales, soñadas Cápuas, divinos Eldorados; hasta anclar cerca de un edén Watteau, que se percibe en el país de un abanico de catorce varillas. La delicadeza y distinción del poeta dan a entender que lo púgil no quita lo Buckingham.

En este poema, como en todos los poemas, como en todos los libros de Richepin, encontraréis la obsesión de la carne, una furia erótica manifestada en símiles sexuales, una fraseología plástico-genital que cantaridiza la estrofa hasta hacerla vibrar como aguijoneada por cálida brama; un culto fálico comparable al que brilla con carbones de un adorable y dominante infierno en los versos del raro, total, soberano poeta del amor epidérmico y omnipotente: Algernon C. Swinburne.

Al eco de un rondó vais al país de las hadas y de los príncipes de los cuentos azules; huelen los campos florecidos de madrigales; tras el reino de Floreal, Thermidor os enseñará su región, en donde a la entrada, se balancea un macabro ahorcado alegre, que me hace recordar cierta agua-fuerte de Félicien Rops, que apareció en el frontispicio de las poesías del belga Théodore Hannon. Tras las brumas de Brumario, Nivoso dirige sus bailarinas en un amargo cancán; y después de estas caricias, de estas *Caricias*, queda en el ánimo una pena tan honda, como la que aprieta y persigue a los fornicarios de los tratados de los fisiólogos y la anunciada en los versículos de los libros santos.

En *Las blasfemias* brota un a demencia vertiginosa. El título no más del poema, toca un bombo infamante. Lo han tocado antes, Baudelaire con sus

Letanías de Satán y el autor de la *Oda a Príapo*. «Esos títulos son comparables a los que decoran, con cromos vistosos los editores de cuentos obscenos. "¡Atención, señores! ¡Voy a blasfemar!"» ¿Se quiere mayor atractivo para el hombre, cuyo sentido más desarrollado es el que Poe llamaba el sentido de perversidad? Y he aquí que aunque la protesta de hablar palabras sinceras manifestada por Richepin, sea clara y franca, yo —sin permitirme formar coro junto con los que le llaman cabotín y farsante—, miro en su loco hervor de ideas negativas y de revueltas espumas metafísicas, a un peregrino sediento, a un gran poeta errante en un calcinado desierto, lleno de desesperación y de deseo, y que por no encontrar el oasis y la fuente de frescas aguas, maldice, jura y blasfema. Cuando más, me acercaría a la sombra de Guyau, y vería en esta obra única y resonante, un concierto de ideas desbarajustadas, una armonía de sonidos en un desorden de pensamientos, un capricho de portalira que quiere asombrar a su auditorio con el estruendo de sonatas estupendas y originales. De otro modo no se explicaría ese paradojal grupo de sonetos amargos, en el que las más fundamentales ideas de moral se ven destrozadas y empapadas en las más abominables deyecciones.

Ese soneto sobre padre y madre, forma pareja con la célebre frase frigorífica que Léon Bloy asegura haber oído de boca de Richepin. El carnaval teológico que en las *Blasfemias* constituye la diversión principal de la fiesta del ateo, con sus cópulas inauditas y sus sacrílegos cuadros imaginarios, sería motivo para dar razón al iconoclasta Max Nordau, en sus diagnósticos y afirmaciones. Pocas veces habrá caído la fantasía en una histeria, en una epilepsia igual; sus espumas asustan, sus contorsiones la encorvan como un arco de acero, sus huesos crujen, sus dientes rechinan, sus ritos son clamores de ninfomaníaca; el sadismo se junta a la profanación: ese vuelo de estrofas condenadas precisa el exorcismo, la desinfección mística, el agua bendita, las blancas hostias, un lirio del santuario, un balido del cordero pascual. La cuadrilla infernal de los dioses caídos no puede ser acompañada sino por el órgano del Silencio. Habla el ateo con las estrellas, para quedar más fuerte en su negación, y su plegaria, cuando parodia la oración, como un pájaro sin alas, cae. El judío errante dice bien sus alejandrinos y prosigue su marcha. Las letanías de Baudelaire tienen su mejor paráfrasis en la apología que hace Richepin del Bajísimo.

Con una rodilla en tierra, y en vibrantes versos, entona, él también su ¡Pape Satán, Pape Satán alepe! Mas donde se retrata su tipo desastrado, es en las que él llama canciones de la sangre: su árbol genealógico florece rosas de Bohemia: sus antepasados espirituales están entre los invasores, los parias, los bandidos cabalgantes, los soldados de Atila, los florentinos asesinos, los atormentadores, los súcubos, los hechiceros, y los gitanos.

En esas canciones se encuentra una estrofa armoniosísima que Guyau considera como la mejor imitación fonética del galope del caballo, olvidando el ilustre sabio el verso que todos sabemos desde el colegio:

> Cuadrupedantem pulen sonitu quatit
> ungula campum...

Nada existe de divino para el comedor de ideales; y si hace tabla rasa con los dioses de todos los cultos y con los mitos de todas las religiones, no por eso deja de decir a la Razón desvergüenzas, de abominar a la Naturaleza, montón de deyecciones, según él, y de reírse, tonante y burlón, del Progreso, para señalarse como precursor de un Cristo venidero cuya aparición saluda, el blasfemo, con los tubos de sus trompetas alejandrinas. Eran sus intenciones, según confesión propia, cuando echó al mundo ese poema candente y escandaloso, instaurar a su modo una moral, una política y una cosmogonía materialista. Para esto debía publicar después de las *Blasfemias*, el *Paraíso del ateo*, el *Evangelio del Antecristo* y las *Canciones eternas*. El poema nuevo *Mis paraísos* corresponde a aquel plan.

Una palabra siquiera sobre una de las obras más fuertes, quizá la más fuerte, de Jean Richepin: *El mar*. Desde Lucrecio hasta nuestros días, no ha vibrado nunca con mayor ímpetu el alma de las cosas, la expresión de la materia, como en esa abrumadora sucesión de consonantes que olea, sala, respira, tiene flujo y reflujo, y toda la agitación y todo el encanto vencedor de la inmensidad marina. De todos los que han rimado o escrito sobre el mar, tan solamente Tristan Corbière (de la academia hermética de los escogidos), ha hecho cantar mejor la lengua de la onda y del viento, la melodía oceánica. Hay que saber que Richepin, como Corbière, conoce prácticamente las aventuras de los marineros y de los pescadores, y bajo sus pies ha sentido los sacudimientos de la piel azul de la hidra. No sé si de grumete empezó; pero sí que ha hecho la guardia, a la medianoche, delante de la mirada de oro de las estrellas; y envuelto en la bruma de las madrugadas, ha dicho entre dientes las canciones que saben los lobos de mar. Loti delante de él es un «sportman», un «yachtman»; René Maizeroy, un elegante que va a tomar las aguas a Trouville; Michelet, un admirable profesor; solamente Corbière le presta su pipa y su cuchillo y le aplaude cuando salmodia sus cristalizadas letanías, o enmarca maravillosas marinas que no han sabido crear los pintores de Holanda, retrata y esculpe los tipos de a bordo, o con la linterna mágica de un poder imaginativo excepcional ilumina cuadros fantasmagóricos sobre las olas, concertando la muda melodía de los castos astros con la polémica eterna de las ebrias espumas.

El Richepin prosista ha cosechado laureles y silbas; pues si con sus cuadros urbanos de París ha realizado una obra única, con sus novelas ha llegado hasta las puertas aterradoras del folletín. Jamás creería yo en un rebajamiento intelectual de tan alado poeta, y no seré de los que lo aburguesan, a causa de tal o cual producción; y que son los mismos que llaman a Zola «un monsieur a génie». Madame André se va con sus tristezas humanas; y «Braves gens» junto con Miark, ceden el paso al «conteur». Pues si algún poder tiene Richepin después del de lírico, es el que le da la forma rápida y vivaz del cuento. Ya nos pinte las intimidades de los cómicos, a los cuales le acerca una simpatía irresistible; ya vaya al jardín de Poe a cortar adelfas o arrancar mandrágoras, al lívido resplandor de las pesadillas; ya juegue con la muerte, o se declare paladín de anarquistas, humillando, mal poeta en esto, la idea indestructible de las jerarquías, su palabra tiene carne y sangre, vive y se agita, y os hará estremecer.

En *Mes Paradis* hay ya una ascensión. Como las *Blasfemias*, el poema está dedicado a Maurice Bouchor. Quien, espiritual y místico, deberá aplaudir el cambio experimentado en el ateo. Ya no todo está regido por la fatalidad, ni el Mal es el invencible emperador. La explicación podrá quizá encontrarse en esta declaración del poeta: «*Las blasfemias* fueron escritas de veinte a treinta años, y *Mis paraísos*, de treinta a cuarenta». Comienza su último poema con un tono casi prosaico, y protesta su buena voluntad y la sinceridad de su pensamiento. Buen gladiador, hace su saludo antes de entrar en la lucha.

Luego, las primeras bestias fieras que le salen al encuentro son dragones de ensueño, o frías víboras bíblicas que nos vienen a repetir una vez más que en el fondo de toda copa hay amargura, y que la rosa tiene su espina y la mujer su engaño. Vuelve Richepin a ver al diablo, a quien canta en sonoros versos de pie quebrado; antes le había visto igual físicamente a un hermano de Bouchor, ahora le adula, le ruega y le habla en su idioma, como un ferviente adorador de las misas negras.

Pero no todo es negación, puesto que hay una voz secreta que pone en el cerebro del soñador la simiente de la probabilidad.

Para ser discípulo del demonio, Richepin filosofa demasiado, y, sobre todo, el tejido de su filosofía sopla un buen aire que augura tiempo mejor. La barca en que va, con rumbo a las Islas de Oro, pasa por muchos escollos, es cierto; pero esto nos da motivo para oír el suave son de muy lindas baladas. Sensual sobre todo, el predicador del culto de la materia nos dice cosas viejas y bien sabidos. ¿Es acaso nuevo el principio que resume la mayor parte de estas primeras poesías: «comamos, bebamos, gocemos, que mañana todo habrá concluido?». ¿O este otro: «vale más pájaro en mano que buitre volando?». Oh, sí; los panales, las rosas, los senos de las mujeres, las uvas y los vinos, son cosas que nos halagan y encantan; pero ¿esto es todo? Diré con el mismo Richepin: «Poète, n'as tu pas des ailes?».

El amor a los humildes se advierte en toda esta obra; no un amor que se cierne desde la altura del numen, sino un compañerismo fraternal que junta al poeta con los «gueux» de antaño. Las canciones transcienden a olores tabernarios. Decididamente, ese duque vestido de oro tiene una tendencia marcada al «atorrantismo». Gracias a Dios, que buen aire ha inflado las velas y tenemos a la vista las costas de las anunciadas áureas islas. Sabemos aquí que la vida vale la pena de nacer; que nuestro cuerpo tiene un reino extenso y rico; que nada hay como el placer, y que la felicidad consiste en la satisfacción de nuestros instintos. Islas de oro pálido, islas de oro negro, islas de oro rojo, ¿son estas las flores que brotan en vuestras maravillosas campiñas?

Lo que llama al paso mi atención son dos coincidencias que no tocan en nada la amazónica originalidad de Richepin, pero me traen a la memoria conocidísimas obras de dos grandes maestros. En la página 229 de *Mes Paradis* tiembla la cabellera de Gautier, y en página 368 se lee:

Enivre-toi quand même, et non moins follement,
De tout ce qui survit au rapide moment,
Des chimères, de l'art, du beau, du vin, des rêves
Qu'on vendange en passant aux réalités brèves, etc.

Lo cual se encuentra más o menos en uno de los admirables poemas en prosa de Baudelaire.

Todo hay, en fin, en esas islas de oro: maravillas de poesía satiriaca, estrofas en que ha querido demostrar Richepin como él también puede igualar las exquisiteces de la poética simbolista; paisajes de suprema belleza, decoraciones orientales, ritmos y estrofas de una lengua asiática en que triunfa el millonario de vocablos y de recursos artísticos; relámpagos de pasión y ternuras súbitas; las apoteosis del hogar y la poetización de las cosas más prosaicas; las flautas y arpas de Verlaine se unen a las orquestas parnasianas; el treno, el terceto monorrimo de los himnos latinos precede al verso libre; el elogio de la palabra está hecho en alejandrinos que parecen continuación de los célebres de Hugo, y si turba la armonía órfica la obsesión de la metafísica, pronto nos salva de la confusión o del aburrimiento al galope metálico y musical de las cuadrigas de hemistiquios. En largo discurso rimado nos explicará por qué es a veces prosaico, o trivial. Su pensamiento pesa mucho, y no pueden arrastrarlo en ocasiones las palabras.

Islas de oro pálido, islas de oro rubio, islas de oro negro, todas sois como países de ensueño. No hay arcos de plata y flores para recibir al catecúmeno. Richepin no es aún el elegido de la Fe. Lo que hay de consolador y de divino en este poema es que al concluir presenciamos la apoteosis del amor. Y el Amor lleva a Dios tanto o más que la Fe. Amor carnal, amor ideal, amor de todas las cosas, atracción, imán, beso, simpatía, rima, ritmo, ¡el amor es la visión de Dios sobre la faz de la tierra!

Y pues que vamos a esos paraísos, a esas islas de oro, celebremos la blancura de las velas de seda, el vuelo de los remos, el marfil del timón, la proa dorada, curva como un brazo de lira, el agua azul, ¡y la eterna corona de diamantes de la reina Poesía!

Jean Moréas

El retrato que el holandés Byvanck hizo de Moréas en un libro publicado no ha mucho tiempo, no es de una completa exactitud. Moréas no está contento con la imagen pintada por el Teniers filólogo, como llama Anatole France al profesor de Hilversum. Ha llegado hasta calificar a éste, en el calor de la conversación, sencillamente de «imbécil». Palabra que no osé contradecir, aunque me pareció harto dura e injusta, y de todo punto inaplicable para el excelente villonista, para el «sabio pensativo» para quien, según el mismo France, con todo y ser filólogo, se interesa por el movimiento intelectual...

Cierto es que en su libro, a vuelta de justos elogios y de una admiración que demuestra indudablemente su sinceridad, nos ha dado un Moréas caricatural, un Moréas inadmisible para los que tenemos el gusto de conocerle. Y no puede ser excusa salvadora, el que las anécdotas bufas referentes al poeta estén en la narración de Byvanck puestas en los labios de antiguos amigos del hoy jefe de la escuela romana. ¡Todo lo contrario! Bien sabe el pensador de Holanda que del «cher confrère» y del «cher maître» gustan mucho los dientes literarios en todas partes del mundo... ¡Un mordisco al «querido compañero», un arañazo al «querido maestro», no hay nada mejor, principalmente cuando ello va acompañado con la salsa del ridículo! Es un don especial del lobo humano. Al lobo humano parece que el arte le pusiese en el hígado una extraña y áspera bilis. Hasta hoy no se ha visto sino muy raras veces una amistad profunda, verdadera, desinteresada, y dulcemente franca, entre dos hombres de letras. ¡Y los poetas, esos amables y luminosos pájaros de alas azules! Los triunfos de Moréas, enconaron a muchos de sus colegas. El banquete que se dio, cuando la aparición del primer *Pelerin Passionné* fue causa de bastantes rencores. No impunemente se logra una victoria.

Moréas, si es que era tal como aparece retratado en el libro de Byvanck, ha cambiado en dos años muy mucho. Cierto es que hay algo en él del espadachín idealizado en sus hermosos versos:

> La main ce noir gantée a la hanche campée,
> avec sa toque à plume, avec sa longue epée,

il passe sous les hauts balcons indolemment.

Por lo demás, si usa siempre el «monocle», no dice «Píndaro y yo», ni se admira de tener las manos blancas y finas. La «toque a plume» es un flamante sombrero de copa; su traje es correcto, de intachable corte. Alta y serena frente; cabello de klepto; porque, como en París se sabe, Moréas, es griego de Galia.

«No es un pachá, es un klepto de negra cabellera.» Cuerpo fuerte y bien erguido, manos aristocráticas, el aire un si es no es altivo y sonrientemente desdeñoso; gestos de gran señor de raza; bigotes bien cuidados. Y entre todo esto, una nariz soberbia y orgullosa, a propósito de la cual, un periodista risueño, ha dicho que Moréas es semejante a una cacatúa.

¿Qué misteriosa razón hará que ese apéndice facial llame tanto la atención de la crítica? La nariz de Moréas es, vuelvo a repetirlo, una soberbia y orgullosa nariz, ni atrozmente aumentada con un garbanzo, como la de Cicerón, ni tan desarrollada como la de Cornéille, ni fea hasta la provocación y el insulto, como la de Cyrano de Bergerac. En resumen, nuestro poeta tiene un gallardo tipo de caballero.

Con ropilla y sombrero emplumado, se podría afirmar: «Velázquez pinxit». Como Ronsard y como Chenier tiene en las venas sangre de Grecia. Su familia es originaria del Epiro y su apellido es ilustre: Diamanto; precedido de la palabra Papa, y seguido de la terminación «poulos», lo primero para indicar que hay entre los miembros que ilustran la casa, un jerarca de la iglesia, y lo segundo, que es en griego equivalente al «off», al «vitch» o al «ski» slavos. A principios del siglo, esa familia de nombre inmenso, «Papadiamantopoulos», emigró al Peloponeso, a la Morea; y de aquí el nuevo nombre, el nombre adoptivo hoy en uso. El poeta es de raza de héroes. Su abuelo fue un gran luchador por la libertad de la Grecia, su padre había quedado en la capital y era dignatario de la corte del rey bávaro Othon, impuesto por las potencias. «Y aquí —decía Moréas a Byvanck—, y aquí comienza la historia de mi rebelión. Mis padres habían concebido una alta idea de mi porvenir y querían enviarme a Alemania, recibiría una buena educación. Hay que recordar que la influencia alemana prevalecía en la corte. Había aprendido a un tiempo griego y francés, y no separaba ambas lenguas. Quería ver la Francia; niño aún, ya tenía la nostalgia de París. Creyeron forzar mi resistencia, enviándome a Alemania y me volví dos veces. En fin, me fui a Marsella y de allí a París. Era que el destino me señalaba mi ruta; pues yo era aún muy joven para darme cuenta de mis acciones. He sufrido horriblemente; pero no me he dejado abatir y he mantenido alta la cabeza. Mi familia me reprochaba mi pereza —según sus palabras—, y hacía espejear ante mis ojos el alto empleo que hubiera podido obtener en Atenas. Pero basta. Se siente uno herido en lo más vivo cuando las personas que ama no le comprenden, y aun le hieren. Yo nunca he hablado de esto con nadie...»

Y he ahí que ha llegado en la terrible ciudad de la gloria a conquistarse un envidiado nombre. Después de brega y sufrimiento, el desconocido es ya «alguien». Anatole France, a quien siempre habrá que citar, le llama «el poeta pindárico de palabras lapidarias». Si Moréas no fuese tan descuidado de su renombre, si tuviese el don de intriga y de acomodaticia humildad de muchos de los que fueron antaño sus compañeros, su gloria habría sido sonoramente cantada por el clarín prostituido de la Fama fácil. Mas el joven «Centauricida» está acorazado de orgullo, casqueado de desdén olímpico. Alrededor de ese orgullo y ese desdén, se ha formado más de una leyenda, que circula por los cafés estudiantiles y literarios del Barrio Latino.

Ya es el Moréas hinchado de pretensiones, irrespetuoso con los genios, con los santos padres de las letras, que observa con su «monocle» a Píndaro, que blasfema de Hugo y acepta con reservas a Leconte de Lisle; ya es el Narciso que se deleita con su belleza en un espejo de cervecería; ya es el corifeo de las primeras armas, que entraba al café seguido de una cohorte de acólitos papanatas; ya es el rival de Verlaine, que ve de reojo al fauno maldito; ya el recitador de sus propios versos, que se alaba pontifical y descaradamente, delante de un concurso asombrado o burlón. Después de todo, la mala voluntad ha quedado vencida. No hay sino que reconocer en el autor del *Pelerin Passionné*, a un egregio poeta. «El único —dice el escritor holandés—, que en todo el mundo civilizado puede hablar de su Lira y de su Musa, sin caer en ridículo.» Moréas ha tomado muchos rumbos antes de seguir la senda que hoy lleva. Él apareció en el campo de las letras, como revolucionario. Una nueva escuela acababa de surgir, opuesta hasta cierto punto a la corriente poderosa de Victor Hugo y sus hijos los parnasianos;

y en todo y por todo, a la invasión creciente del naturalismo, cuyo pontífice aparecía como un formidable segador de ideales. Los nuevos luchadores quisieron librar a los espíritus enamorados de lo bello, de la peste Rougon y de la plaga Macquart. Artistas, ante todo, eran, entusiastas y bravos, los voluntarios del Arte.

Tales fueron los decadentes, unidos en un principio, y después separados por la más extraña de las anarquías, en grupos, subgrupos, variados y curiosos cenáculos. Moréas, como queda dicho, fue uno de los primeros combatientes; él, como un decidido y convencido adalid, tuvo que sostener el brillo de la flamante bandera, contra los innumerables ataques de los contrarios. Casi toda la prensa parisiense disparaba sus baterías sobre los recién llegados. Paul Bourde se alzaba implacable en su burla, desde las columnas del *Temps*. Llamaba a los decadentes con tono de reproche, hijos de Baudelaire; dirigía sus más certeros proyectiles contra Mallarmé, Moréas, Laurent Tailhade, Vignier y Charles Morice; y pintaba a los odiados reformadores, con colores chillones y extravagantes perfiles. Todos ellos no eran sino una muchedumbre de histéricos, un club de chiflados. Las fantasías escritas de Moréas, eran según el crítico, sentidas y vividas. ¿El joven poeta quería ser Khan de Tartaria, o de no sé dónde, en un bello verso? Pues eso era muestra de un innegable desorden intelectual. Moréas era un sujeto sospechoso, de deseos crueles y bárbaros. Además, los decadentes eran enemigos de la salud, de la alegría, de la vida, en fin. Moréas contestó a Bourde tranquilo y bizarramente. Le dijo al escritor del más grave de los diarios que no había motivo para tanta algarada; que el distinguido señor Bourde se hacía eco de fútiles anécdotas inventadas por alegres desocupados; que ellos, los decadentes, gustaban del buen vino, y eran poco afectos a las caricias de la diosa Morfina; que preferían beber en vasos, como el común de los mortales, y no en el cráneo de sus abuelos; y que, por la noche, en vez de ir al sábado de los diablos y de las brujas, trabajaban. Defendió a la censurada Melancolía, de la Risa gala, su gorda y sana enemiga. «Esquilo, dijo, Dante, Shakespeare, Byron, Goethe, Lamartine, Hugo, los grandes poetas, no parece que hayan visto en la vida una loca kermesse de infladas alegrías.» Fue el campeón de las lágrimas. Después se ocupó de la exterioridad de la poesía decadente y expuso sus cánones. Al poco tiempo apareció en el *Fígaro* un manifiesto de Moréas. Fue la declaratoria de la evolución, la anunciación «oficial» del simbolismo. Los simbolistas eran para los románticos rezagados y para el naturalismo, lo que el romanticismo para los pelucas de 1830. ¿Pero no eran ellos los de la joven falange, nietos de Victor Hugo?

Ese célebre manifiesto en que aparecían declarados los principios del simbolismo, el organismo de la naciente escuela, su ritual artístico, su teoría, sus intentos y sus esperanzas, fue analizado y combatido por Anatole France con la manera magistral y la superior fuerza que distinguen a ese escritor. Moréas respondióle, en unas cuantas líneas, con caballeresca cortesía, manteniendo, buen paladín, sus ideas. De esto hace ya algunos años.

Moréas desdeña hoy, mira con cierta reprochable falta de cariño, sus primeras producciones. ¿Por qué? Ellas marcan el sendero que debía seguir el talento del autor, son los vuelos en que se ensayaban las alas, y para el observador o el biógrafo, constituyen valiosísimos documentos. Nuestro poeta no habla nunca de sus trabajos en prosa. Como todo verdadero poeta, es un excelente prosador. A pesar de las inextricables montañas simbólicas y de las raras brumas, amontonadas en el *Thé chez Miranda*,[12] o en las *Demoiselles Gobert*, ambas obras escritas en colaboración con Paul Adam, esos dos trabajos primigenios son ya un augurio de poder y de victoria. Hay en ellos riqueza, derroche de intelectualidad y de pasión artística. Son revuelta y amontonada pedrería, joyas regadas; lujo desbordado de la fantasía, locura de ansioso príncipe adolescente. ¿Qué hay distancia de esos libros al último *Pelerín*? Claro está.

«He crecido» —dice Hugo en una célebre epístola. El antiguo camarada de Moréas, el Paul Adam de estos momentos, que corona de gemas ilustres la cabeza hierática de las princesas bizantinas, ¿no empieza a mostrar los quilates de sus oros y diamantes allá, al principio, cuando los tanteos de su pluma delineaban los contornos de un estilo prestigioso y potente?

El Moréas de *Les Syrtes*, no es, en verdad, el lírico capitolino y regio de los últimos poemas; sin embargo, algunos preferirían muchos de esos primeros versos a varias de las sinfonías verbales recientemente escritas por el joven maestro. La razón de esto quizá esté en que hay en la primavera de su poesía más pasión y menos ciencia. Es innegable que la orquestación

---

12   El título completo de esta novela es *Le thé chez Miranda*.

exquisita del verso libre, «la máquina del poema poliformo modernísimo», son esfuerzos que seducen; más es irresistible aquella magia, de los vuelos de palomas, de las frescas rosas, bien rimadas en estrofas armónicas: la consonancia dulce de los labios, luciente de los ojos, ideal y celeste de las alas y el lenguaje de la pasión y de la juventud.

Esto, volviendo a afirmar que el verso libre, tal como hoy impera en la poética francesa, es en manos de una legión triunfante de rimadores, instrumento precioso, teclado insigne y vasto de incomparable polifonía. Mas volvamos a los primeros versos de Moréas. «¡Syrtis inhospita!» Clama Ovidio. «Incerta Syrtis», dice Séneca. Aun no ha acabado la aurora de esperezarse, y ya la arca del joven soñador ha padecido la rudeza de los escollos. ¡El poeta empieza por el recuerdo! Ya hay un tiempo ido, al cual el alma vuelve los nostálgicos ojos. Quizá no es la culpa del soñador. Él viene después del enfermo René y del triste Olimpio.

Es el invierno. Arde en la chimenea

> El fuero brillador que estalla en chispas,

como dice un poeta mi amigo a quien quiero mucho. Fuera pasan los vientos de la fría estación. Dentro, el gato mayador se enarca y se estira lánguidamente. Algo flota sobre la ramazón bordada de los cortinajes.

Es el pasado; es el pasado, que clama lamentando las ternuras acabadas y los amores difuntos. El recuerdo vuela primero al divino país de Grecia. Allá es donde «bajo los cielos áticos los crepúsculos radiosos tiñen de amatista los dioses esculpidos en los frisos de los pórticos; donde en el follaje argentado de los árboles de torsos flacos, crepitan las agrias cigarras, ebrias de las copas del Estío». Es en la tierra de las olímpicas divinidades y, de las musas, donde la virgen helénica, de florecientes senos, despertó el amor del adolescente, poniendo el embriagador vino del primer beso sobre sus labios secos de sed. Luego pasará la dama enigmática, encarnación del inmortal femenino. Va en una barca mágica o en una góndola amorosa, y a su paso hacen vibrar el aire los «pizzicatti» de las mandolinas. Es la mujer ideal del ensueño largo tiempo acariciado, la dama que se yergue como una flor, con su falda de brocatel, cual pintado por el viejo Tintoreto. Eva y Helena, hermanas fatales, reinarán siempre, bajo apariencias distintas. Si un rostro de niña rubia se asoma a la ventana, será la pálida Margarita. En un paisaje duro y vigoroso, al canto de las cascadas, brotará la forma de una catalana, de pie pequeño y ojos brilladores; y en París —seguramente en un decorado de cámara privada—, ríe la serpentina parisiense, bajo su sombrero florido.

Y es en ese instante, cuando el poeta casi siempre casto, pone el oído atento a la lección del encendido Sátiro. Al vagar ideal, hará sus ramilletes galantes en los parques ducales, cerca de los viejos chambelanes que madrigalizan. Nos mostrará a esa misteriosa Otilia de labios de bacante y ojos de madona, que cruza semejante a la vaga figura de un mito, en tanto que las arpas dejan escapar un trémulo acorde en el salón de las armaduras. La oda irá, como una águila, a tocar con sus alas la frente del vate recordándole las futuras apoteosis de la Gloria. Nuestros ojos se detendrán ante un retrato de mujer, esfíngico y encantador, o veremos al enamorado dedicar, adorador de unas blancas manos, perlas a los dedos filiales. Querrá también, tentado como Parsifal, ofrecer sacrificios a la Venus carnal y matadora; pero protegido por especial virtud, cual por un Graal santo, volverá a flotar en el azul de la eterna idealidad. En el claro de la Luna, un beso. El amor que soñará será triste y sollozante, lleno de meditaciones y furtivas caricias. Canta su amargura delante de la triunfal beldad, y, a pesar de la obsesión de los deseos clandestinos, y del soplo impulsivo de Mefistófeles, el alma flota en un delicado y místico ambiente. Él sueña con la bella vida del amor invencible. La canción invernal languidece en las cuerdas. La amada y el amado están cerca de las llamas de oro de la chimenea, y admiran un paisaje de desconocido pintor, donde en una fiesta de colores corre el agua de una fuente, bajo un toldo de hojas; se alza a lo lejos, la montaña, y, en primer término, bajo el Sol del trópico, grandes bueyes blancos —como los del robusto Pierre Dupont—, elevan hacia el cielo la doble curva de los firmes cuernos. La feliz pareja solo soñará un instante, pues pronto llega la amarga onda a invadir los corazones. Los corazones sangran martirizados como en los versos de Heine; el invierno será tan solo nuncio de penas y de desilusiones; los besos han partido como pájaros en fuga; las rosas están marchitas, y los brazos deseosos, los brazos viudos, en vano buscarán la mística figura. Es un cuento de amor, un cuento otoñal, escuchado cuando el viento de la tarde pasa haciendo temblar las ramas de los árboles deshojados. Todo muy confuso, diréis, muy wagneriano. Muy bello.

De cuando en cuando convierte el triste los ojos a una visión que presto desaparece. Son las negras cabelleras, los talles, las caderas armoniosas, las pupilas húmedas, de miradas profundas. ¡Y las manos! Esta deliciosa parte de la escultura femenil, atrae especialmente a Moréas. ¡Qué preciosos retratos nos haría este encantador, de Diana encombando un arco, o de Ana de Austria deshojando una rosa, o vertiendo en una copa de plata un poco de sangre moscatel!

Carmencita, la española, desfila, mas no como era de esperar, en un paso de cachucha o en un giro de fandango; a esa hechicera meridional, canta el poeta un lied del norte.

Amores, intenciones de amor, ya en la basílica al brillo aurisolar de la custodia, o en el aposento tapizado de rosa y aromado de lilas; y como divino pájaro de un alba inextinguible, se ve al ave azul que resucita las esperanzas; pero la cual buscará en vano el náufrago, pues volará hacia esas sirtes en que el propio piloto ha buscado el naufragio. Hasta el final de este primer libro se siente el influjo del desencanto. Mas aun, la sombra de Baudelaire sugiere a ese joven ágil y pletórico, que aprendió a amar y a cantar en Atenas, sugiere vagas ideas oscuras, relámpagos de satanismo. Él se pregunta:

Quel succûbe au pied bot m'a t-il done envouté?

Sin saberse en qué momentos, han empezado a vegetar en el jardín del soñador, las plantas que producen las flores del mal. Y sobre el suelo en que crecen esas plantas, bien pueden ya percibirse a la luz del claro Sol, las huellas del pie hendido de Verlaine. Por allí ha pasado Pan, o el demonio. La pobre alma quiere librarse de las llamas libertinas, de las larvas negras, de las salamandras invasoras. Lamenta la pérdida de la alegría de su corazón, la sequedad de su rosal espiritual, sobre el que ha agitado las alas un mal vampiro. Él tenderá sus brazos a la naturaleza y al Oriente divino. Pero todas sus quejas serán vanas; y aun más, incomprensibles. Ya Mallarmé se oye sonar; sus trompetas cabalísticas auguran una desconocida irrupción de rarezas, bellas, muy bellas y luminosas, pero caóticas, como una puesta de

Sol en nuestros cielos americanos, en que la confusión es el mayor de los encantos.

La adolescencia es ida, y los años de las dulces cosas juveniles, cuando Julieta nos canta con su dulce voz vencedora de la de la alondra: «¡No te vayas todavía!». *Las cantinelas* encierran el nuevo período. El traje del caballero es de un tono más oscuro. La espada siempre pende al cinto; se nota el triunfo de los terciopelos sobre los encajes. Ha sufrido el joven caballero griego. No son por cierto notas alegres las que primero escuchamos. Los sonetos, que vienen como heraldos, traen vestiduras de duelo. La pena del placer perdido hace demandar las voces arrulladoras y los aromas embriagantes; el jardín de Fletcher decorado por la musa sonámbula de Poe, solloza en sus fuentes; hay una atmósfera de duelo, de llanto, casi de histerismo, y una luz espectral sirve de Sol, o mejor dicho de Luna.

> Que je cueille la grappe, et la feuille de myrte
> qui tombe, et que je sois à l'abri de la syrte
> où j'ai fait si souvent naufrage près du port.

Así canta el mal herido de desesperanzas.

Su voz se dirige a las hadas propicias, pero ellas no llegan todavía. Él va cerca de la mar, de la mar femenina y maternal, a dejar en sus riberas lo que queda de sus ensueños y hasta el último hilo de la púrpura de su orgullo. Su alma está triste hasta la muerte. En el interludio parece que quisiera entregarse a la felicidad de una alegría ficticia. Así el gaitero de Gijón de nuestro admirado y querido Campoamor, toca la gaita y rige las danzas con el alma apuñalada de pena. Gestos, expresiones, impresiones fugaces, paisajes nocturnos en una calle parisiense; y en las estrofas una mezcla de vaguedad germánica y de color meridional.

El «never more» fatídico del cuervo de Poe, es escuchado por el cantor nostálgico, a la luz del gas de París.

Preséntasenos también una legendaria escena nocturna que ya habíamos visto, lector, acompañada por blanda música, gracias al inmenso cordaje de la lira de Leconte de Lisle. Los Elfos del norte cantan coronados de hojas perfumadas y frescas, cuando el caballero de la balada viene en su caballo negro, haciendo espejear su casco argentino a la luz de la Luna. Es osado, y sus armas no han conocido nunca la vergüenza de las derrotas. Su corcel va como si fuese alado, a las punzadas de las espuelas de oro. El caballero muere vencido en las *Odas bárbaras*.

El personaje de Moréas, cuya figura no se alcanza a ver y cuyo caballo apenas se oye galopar, no es aprisionado por el encanto. En el instante del nacimiento de la aurora, lo que alcanza a divisarse en la selva es la silueta del emperador Barbarroja, que medita, apoyada la frente en las manos.

Pero he aquí que nos ilumina el Sol de Florencia. Después de tanta niebla, halaga por una visión de claros ríos y de puentes pintorescos.

El cielo es azul y entre dos rimas y dos acordes musicales, desfilan una marquesa enamorada y un envuelto capuchino. Moréas es un exquisito grabador de viñetas. Riega los madrigales y miniaturas, decora y viste sus personajes sin que una falta de tocado turbe la exactitud de ese conocedor de todos los refinamientos.

Las asonancias son bosquejos de leyendas; pocas, pero admirables, cortas, pero conmovedoras. El klepto siente volver a su memoria las narraciones de la infancia: Maryó tejiendo su lana, vencedora en su fidelidad; y, tal como se sabe en las narraciones de la isla de Candia, la mala madre que oye hablar al corazón desde el plato y que después sufre el castigo de sus crímenes. En esta sección nos deleita el errante perfume de la fábula, las ingenuas repeticiones de versos y de palabras de los poemas primitivos, los metros apropiados a la música de las danzas; y nuestro asonante español, aplicado en estrofas cortas, y en argumentos donde aparece algún héroe de gesta o alguna princesa de tradición, en sangrientos sucesos de antiguos adulterios y de incestos inmemoriales. Poesía de leyenda y de romancero; damas del tiempo de Amadís; armaduras que se entrechocan en la sombra medioeval.

En cuanto el poeta dirige las riendas de Pegaso a la región de los conceptos puros, nos sentimos envueltos en una sombra absolutamente alemana. Su metafísica adormece. Subimos a alturas inaccesibles, rodeadas de oscuridad. Felizmente pronto entramos al reino encantado de las ficciones portentosas. Raimondin, corre a nuestra vista, en su cabalgadura, y la celeste claridad le envuelve en su sutil polvo de plata. Los castillos del tenebroso encantamiento se deshacen y la Entelequia, desnuda, resplandece al amor de la luz del día.

No es sino en una fuga crepuscular donde se esfuma la vieja de Berkeley, el enano Fidogolain, «que, ni muy loco ni muy vulgar, sabía cantar baladas», y la Muerte, la Thanatos cabalgante, que exige para el contorno de su esqueleto el lápiz visionario de Alberto Durero.

Refiriéndose a la concepción que de la dignidad de su arte han tenido dos ilustres prerrafaelistas ingleses —casi huelga nombrarlos: Rossetti y Burne Jones— dice un escritor británico que la desventaja única de la elevación aristocrática de su ideal es la de ser incomprensible excepto para unos pocos. Algo semejante puede afirmarse de la obra de Moréas.

Tal como los ritos musicales de Bayreuth, Meca de los wagneristas, o como las excelencias delicadas del arte pictórico de los primitivos, las poesías del autor del *Pelerin Passionné* necesitan para ser apreciadas en su verdadero valor, de cierto esfuerzo de intelecto, y de cierta iniciación estética. *Autant en emporte le vent* fue escrito de 1886 a 1887. Es en ese librito donde se encuentran las que se podrían llamar primeras manifestaciones quatrocentistas de Moréas. Madeleine, Agnes, Enone, son encantadoras figuras del siglo décimoquinto; sus facciones exigen la humana sencillez y al propio tiempo la milagrosa expresión de un Botticelli. La Edad Media es para nuestro poeta como para Dante Gabriel Rossetti, familiar y amada, y los sujetos que ella le sugiere, son plausiblemente idealizados, sin una tacha anacrónica, sin una falta o debilidad en la idea íntima ni en la ornamentación exterior.

El espíritu vuela a los tiempos de la caballería. Leyendo los poemas medioevales de Moréas se comprende el valor del conocido verso de Verlaine:

... le Moyen âge énorme et délicat ...

El poeta vive la vida de los príncipes enamorados, de los guerreros galantes. Los lugares que se presentan a nuestra vista son los viejos castillos tradicionales y poéticos; o alguna decoración que aparece como por virtud de un ensalmo, o del movimiento de la mano de una hada. Las parejas llenas de amor, cortan flores en fantásticos parques. Tras un rosal se alcanza a ver de cuando en cuando, ya la joroba de un bufón, ya la cola irisada de un pavo real. *Agnes* es una deliciosa y extraña sinfonía. Las estrofas están construidas de mano maestra, y el alma atenta del artista se siente acariciada por la repetición de un suave «leit-motive».

La poética de Moréas está definida en estas cortas palabras del maestro Mallarmé:

«Une euphonie fragmentée, selon l'assentiment du lecteur intuitif, avec une ingénue et precieuse justesse...»

En resumen, Moréas posee un alma abierta a la Belleza como la primavera al Sol. Su Musa se adorna con galas de todos los tiempos, divina cosmopolita e incomparable políglota. La India y sus mitos le atraen, Grecia y su teogonía y su cielo de luz y de mármol, y sobre todo, la edad más poética, la edad de los santos, de los misterios, de las justas, de los hechos sobrenaturales, la edad terrible y teológica; la edad de los pontífices omnipotentes y de los reyes de corona de hierro; la edad de Merlín y de Viviana, de Arturo y sus caballeros; la edad de la lira de Dante, la Edad Media. El nombre del *Pelerin Passionné* está tomado de Shakespeare. La colección de versos amorosos de Moréas no tiene con la del poeta inglés ningún punto de contacto, como no sea el pertenecer al mismo género, al erótico, y el empleo de variedad de metros y de caprichos rítmicos. Shakespeare usa desde el verso que equivale en inglés a nuestro endecasílabo español:

When my love swears that she is made of truth,

hasta los «trenos», imitados de los himnos latinos cristianos:

Beauty truth and varity
grace in an simplicty
here enclosed in cinders lie.

Y Moréas, siguiendo las huellas de Lafontaine, ya aumentando o cortando a la moderna el número de sílabas, ha logrado hacer de sus poemas, con una técnica delicada y fina, maravillas de armonía; que por supuesto, no han dejado de producir escándalo en la crítica oficial.

La aparición del *Pelerin* fue saludada con un gran banquete que presidió Mallarmé y que fue un resonante triunfo. Fue la exaltación de la obra del joven luchador, que en aquellos instantes representaba el más bello de los sacerdocios; el del Arte. Eran ya conocidas esas creaciones y amables resurrecciones que atraviesan por la senda del Peregrino. Enone, la del claro rostro, que arrastra en el poema un rico manto constelado de rimas como piedras preciosas, en una gradería de estrofas de pórfido, y del más blanco pentélico, el caballero Joe, meditabundo, que en revista mental, mira el coro de beldades que guarda en su memoria, entre las cuales: Madame Emelos, la castellana de Hiverdum que se llamaba Bertranda, y Sancha que engañó al amante con tres capitanes. Doulce, a su vez, es una princesa de cuento azul.

En el *Pelerin* es donde florece de orgullo el laurel heleno-galo. Sin temor a la edad contemporánea, se proclama Moréas tal como se juzga. Alaba el arte que inventa. Mantenedor del renombre griego, de la tradición latina, no vacila en llevar consigo, junto a la lira de Píndaro, la lanza de Aquiles; y no hay sino inclinarse ante el orgullo de sus carteles y el esplendor de sus trofeos. Sus alegorías pastorales son un escogido ramillete eclógico, con más de una perla que no sería indigna del joyero de la Antología. Y para concluir: si escuchamos un clamor de trompas, y percibimos una bandera agitada por un fuerte brazo, es que la campaña Romanista ha sido empezada. ¡A otros las nieblas hiperbóreas y los dioses de los bárbaros! El jefe que llega es nuestro bravo caballero; la diosa de azules ojos que le cubre con su égida es Minerva: la misma que protegerá al editor Vanier —según sus editados—, y le hará ganar tanto dinero como Lemerre; y el abanderado, que viene cerca del jefe, henchido de entusiasmo, es el caballero Mauricio Du Plessis, lugarteniente de la falange, y cuyo *Primer libro pastoral* es su mejor hoja de servicios.

Moréas confía en su completa victoria. Nuevo Ronsard, tiene por Casandra una beldad galo-greca.

Y él confía en que gracias a sus ritos

Sur de nouvelles fleurs, les abeilles de Grèce

Butineront un miel français.

Y con Racine exclama:

Je me suis applaudi, quand je me suis connu ...

Así vive en París, indiferente a todo, desdeñando escribir en los diarios, enemigo del reportaje; en una existencia independiente, gracias a su familia «reconciliada ya con las rimas», como dice Mendés; ignorando que existen Monsieur Carnot, el sistema parlamentario y el socialismo. No ha parido hembra humana un poeta más poeta...

Rachilde

Tous ceux qui aiment le rare, l'examinent avec Inquiétude.
Maurice Barrès.

Trato de una mujer extraña y escabrosa, de un espíritu único esfíngicamente solitario en este tiempo finisecular; de un «caso» curiosísimo y turbador, de la escritora que ha publicado todas sus obras con este seudónimo, Rachilde; satánica flor de decadencia picantemente perfumada, misteriosa y hechicera y mala como un pecado.

Hace algunos años publicóse en Bélgica una novela que llamó la atención grandemente y que según se dijo había sido condenada por la justicia. No se trataba de uno de esos libros hipománicos que hicieron célebre al editor Kistemaekers, en los buenos tiempos del naturalismo; tampoco de esas cajas de bombones afrodisíacos a lo Mendés, llenas de cintas, aromas y flores de tocador. Se trataba de un libro de demonómana, de un libro impregnado de una desconocida u olvidada lujuria, libro cuyo fondo no había sospechado en los manuales de los confesores: una obra complicada y refinada, triple e insigne esencia de perversidad. Libro sin antecedentes, pues a su lado arden completamente aparte, los carbones encendidos y sangrientos del «divino marqués», forman grupo separado las colecciones prisioneras y ocultas en el «inferi» de las bibliotecas. Este libro se titulaba *Monsieur Venus*, el más conocido de una serie en que desfilan las creaciones más raras y equívocas de un cerebro malignamente femenino y peregrinamente infame.

Y era una mujer el autor de aquel libro, una dulce y adorable virgen, de diecinueve años, que apareció a los ojos de Jean Lorrain, que fue a visitarla, como un ser extraño y pálido, «pero de una palidez de colegiala estudiosa, una verdadera "jeune filie", un poco delgada, un poco débil, de manos inquietantes de pequeñez, de perfil grave de efebo griego, o de joven francés enamorado... y ojos —ioh los ojos!— grandes, grandes, cargados de pestañas inverosímiles, y de una claridad de agua, ojos que ignoran todo, a punto de creer que Rachilde no ve con esos ojos, sino que tiene otros detrás de la cabeza para buscar y descubrir los pimientos rabiosos con que realza sus obras».

Esa mujer, esa colegiala virginal, esa niña era la sembradora de mandrágoras, la cultivadora de venenosas orquídeas, la juglaresa decadente, amansadora de víboras y encantadora de cantáridas, la escritora ante cuyos libros, tiempos más tarde, se asombrarán, como en una increíble alucinación, los buscadores de documentos que escriban la historia moral de nuestro siglo. Los pintores potentes, dice Barbey d'Aurevilly, pueden pintarlo todo, y su pintura es siempre bastante moral cuando es trágica y da el horror de las cosas que manifiesta. No hay de inmoral sino los «Impasibles» y los «Mofadores».

Rachilde no es impasible ¡qué iba a serlo ese crujiente cordaje de nervios agitados por una continua y contagiosa vibración! —ni es mofadora—, no cabe ninguna risa en esas profundidades oscuras del Pecado, ni ante las lamentables deformaciones y de teratolología psíquica que nos presenta la primera inmoralista de todas las épocas.

Imaginaos el dulce y puro sueño de una virgen, de blandura, de delicadeza, de suavidad, una eucarística, una pascua de lirios y de cisnes. Entonces un diablo —Behemot quizá—, el mismo de Tamar, el mismo de Halagabal, el mismo de las posesas de Lodun, el mismo de Sade, el mismo de las misas negras, aparece. Y en aquel sueño casto y blanco hace brotar la roja flora de las aberraciones sexuales, los extractos y aromas que traen a íncubos y súcubos, las visiones locas de incógnitos y desoladores vicios, los besos ponzoñosos y embrujados, el crepúsculo misterioso en que se juntan y confunden el amor, el dolor y la muerte.

La virgen tentada o poseída por el Maligno, escribe las visiones de sus sueños. De ahí esos libros que deberían leer tan solamente los sacerdotes, los médicos y los psicólogos.

Maurice Barrès coloca *Monsieur Venus*, por ejemplo, al lado de *Adolphe*, de *Mademoiselle de Maupin*, de *Crime d'Amour*, obras en que se han estudiado algunos fenómenos raros de la sensibilidad amorosa. Mas Rachilde no tiene, bien mirado, antecesores —a no ser la *Justina*—, o ciertos libros antiguos cuyos nombres apenas osan escribir los bibliófilos del amor, o del Libido, como el Inglés que anima D'Annunzio en su *Piacere*. Apenas podrían citarse a propósito de las obras de Rachilde, pero colocándolas bastante lejanamente, algunas pequeñas novelas de Balzac, la *Religiosa* de Diderot, y en lo contemporáneo, *Zo Har* de Mendés. Un compañero tiene, sin embargo, Rachilde, pero es un pintor, un aguafuertista, no un escritor: Félicien Rops. Los que conozcan la obra secreta de Rops, tan bien estudiada por Huyssmans, verán que es justa la afirmación.

El mayor de los atractivos que tienen las obras Rachilde, está basado en la curiosidad patológica del lector, en que se ve la parte autobiográfica que se presenta al que observa; sin velos ni ambages, el alma de una mujer, de una joven finisecular con todas las complicaciones que el «mal del siglo» ha puesto en ella. Barrés se pregunta: ¿Por qué misterio Rachilde ha alzado delante de sí a Rauole de Vénerande y Jacques Silvert? ¿Cómo de esta niña de sana educación han salido esas creaciones equívocas? Es en verdad el problema atrayente y curioso. No hay sino pensar en lejanas influencias, en la fuerza de ondas atávicas que han puesto en este delicado ser la perversidad de muchas generaciones; en el despertamiento, descubrimiento o invención de pecados antiguos, completamente olvidados y borrados del haz de la tierra por las aguas y los fuegos de los cielos castigadores.

Exponiendo los títulos de sus obras, puede entreverse algo de las infernales pedrerías de la anticristesa: *Monsieur de la nouveauté, La femme du 199°, Monsieur Venus, Gueue de poisson, Histoires bêtes, Nonó, La virginité de Diane, La voise du sang, A mort, La marquese de Sade, Le tiroir de Mimi-Corail, Madame Adonis, L'homme roux, La sanglante ironie, Le Mordu, L'animale*: parece que se miraran nudos de brillantes y coloreados áspides, frutos bellos, rojos y venenosos, confituras enloquecedoras, ásperas pimientas, vedados jengibres. Entrar en detalles no podría, a menos que lo hiciese en latín, y quizá mejor en griego, pues en latín habría demasiada transparencia, y los misterios eleusíacos, no eran por cierto para ser expuestos a la luz del Sol.

Los tipos de sus obras son todos excepcionales.

Su libro *Sangrienta ironía*, por ejemplo, presenta, como todos los otros suyos, a un desequilibrado, un «détraqué». Se trata de un joven que ha asesinado a su querida en un momento de alucinación. Primero cuenta y explica por qué sucesión de causas ha llegado a cometer aquel acto. La figura de Sylvain d'Hauterac, el desequilibrado, es una de las creaciones de Rachilde, pero la crítica le ha señalado como inverosímil. Ello no quita que la obra sea de una vida intensa, y de un análisis psicológico admirable.

Ha escrito un drama simbolista titulado *Madame la Mort*. La acción se circunscribe a una lucha desesperada del protagonista, entre la muerte y la vida. A propósito; ¡qué dibujo macabro el de Paul Gauguin; dibujo que simboliza a Madama la Muerte!

Un fantasma espectral en un fondo oscuro de tinieblas. Se advierte la anatomía de la figura; un gran cráneo; el espectro tiene una mano llevada a la frente, una mano larga, desproporcionada, delgada, de esqueleto; se miran claramente los huesos de las mandíbulas; los ojos están hundidos en las cuencas.

El artista visionario ha evocado las manifestaciones de ciertas pesadillas, en que se contemplan cadáveres ambulantes, que se acercan a la víctima, la tocan, la estrechan, y en el horrible sueño, se siente como si se apretase una carne de cera, y se respirase el conocido y espantoso olor de la cadaverina...

La novela *Monsieur Venus* es un producto incúbico. Jacques Silvert es el Sporus de la cruelmente apasionada cesarina; un Sporus vulgar de ojos de cordero; bestia, sonriente, pasivo. Raoule de Vénerande una especie de mademoiselle Des Esseints, se enamora de ese primor porcino; se enamora, aplicando a su manera el soneto de Shakespeare:

> A woman's face, with natures own
> hand painted.

Raoule de Vénerande es de la familia de Nerón, y de aquel legendario y terrible Gilles de Laval, sire de Rayes, que murió en la hoguera; según él por causa de Suetonio. En cuanto al emasculado y detestable Jacques, ridículo Ganimedes de su amante vampirizada, es un curioso caso de clínica, cliente Krafft-Ebing, de Molle, de Gley. La androginia del florista la explica Aristófanes en el banquete de Platón. Krafft-Ebing le colocaría entre los casos que llama de «eviratio, o transmutatio sexus paranoia».

El Sar Péladan en su etopea ha abordado tema peligrosos, con su irremediable tendencia a idealizar el androginismo. Barbey también penetró en algunos oscuros problemas; mas ni el autor de las *Diabólicas*, ni el Mago y caballero Rosa Cruz, ha logrado como Rachilde poseer el secreto de la Serpiente. Ella dice a nuestros oídos:

...des mots si specieux tout has
que notre âme depuis ce temps tremble et s'tonne.

Una mujer, una joven delicada, intelectual, cerebral, os descubre los secretos terribles: he ahí el mayor de los halagos, el más tentador de los llamamientos. Y advertid que penetramos en un terreno dificilísimo y desconocido, antinatural, prohibido, peligroso.

Hay un retrato de Rachilde, a los veinticinco años. De perfil; desnudo el cuello, hasta el nacimiento del seno; el cabello enrollado hacia la nuca, como una negra culebra; sobre la frente, recortado, según la moda pasada, recortado y cubriendo toda la frente; la mirada, ¡qué mirada! mirada de ojos que dicen todo, y que saben todo; la nariz delicada y ligeramente judía; la boca... ¡oh boca compañera de los ojos! y en toda ella el enigma divino y terrible de la mujer: «Misterium». Sobre el pecho blanco, prendido con descuido, hay un ramillete de botones de rosas blancas.

Sé de quien, estando en París, no quiso ser presentado a Rachilde, por no perder una ilusión más. Rachilde es hoy madame Alfred Vallette; ha engordado un poco; no es la subyugadora enigmática del retrato de veinticinco años, aquella adorable y temible ahijada de Lilith.

Casada con Alfred Vallette es hoy «mujer de su casa» mas no deja de producir hijos intelectuales. Hace novelas, cuentos, críticas.

Tiene Rachilde un vivo sentido crítico, descubre en la obra que analiza; las faces más ocultas, con su hábil y rápida perspicacia de mujer. En la revista que dirige Vallette, suele escribir ella ya un «compte rendu», teatral, ya una vibrante exposición de un libro nuevo; critica con la firmeza de una ilustración maciza, y con la admirable visión de su raro talento. Tiene palabras especiales que os descubren siempre algo ignorado y «sobre entendido» de una sutileza y malicia que inquietan.

Es profundamente artista. Oíd este grito: «¡Oh, son necesarios, esos, los convencidos de nacimiento, para que se enmiende o reviente la Bestia Burguesa, cuya grasa rezumante concluye por untarnos a todos!

»Obra de odio y obra de amor deben unirse delante del enemigo maldito: la humanidad indiferente.»

Veamos algunas de sus ideas, al vuelo. «El verso libre —dice a propósito de un libro de su amiga María Krysinska— es un encantador "non sens", es un tartamudeo delicioso y barroco que conviene maravillosamente a las mujeres poetas, cuya pereza instintiva es a menudo sinónimo de genio. No veo ningún inconveniente en que una mujer lleve la versificación hasta su última licencia!»

En el prólogo de su teatro, hállase esta franca declaración: «Moi, je ne connais pas mon école, je n'ais pas d'esthétique».

Según Charles Froment, en nuestra época no se tiene en absoluto la noción de lo bello. Rachilde escribe su *Vendeur de Soleil*, pieza dramática que se ha presentado casi en toda Europa con éxito, para demostrar que los únicos que no han visto el Sol son los románticos. ¿Y si buscando bien encontrásemos en la genealogía de Rachilde sangre romántica?... Ella, ciertamente, ha empezado conversando con «Joseph Delorme», y ha bebido en el mismo vaso que Baudelaire, el Baudelaire de las poesías condenadas: «Le Léthe», «Les metamorphoses du Vampirer», «Lesbos...» y que escribió un día en sus *Fusées*: «Moi, je dis: la volupté unique et supreme de l'amour git dans la certitude de faire le mal. Et l'homme et la femme savent, de naissance, que dans le mal se trouve toute volupté».

¡En nuestros días, dice Rachilde, hay instigadores de ideas —como antes «moneurs de loups»— pues en nuestra época llamada moderna, mil veces más siniestra que la sangrienta Edad Media, son precisas apariciones mil veces más flagelantes; y esos «meneurs», conduciendo sus ideas carniceras a los asesinatos de las viejas teorías, de los viejos principios, abriendo locamente los ojos del espíritu, son también los precursores del Ángel! ¡Bien locas las gentes que no comprenden que los tiempos están próximos, porque los azuzadores de ideas se suceden con una asombrosa rapidez sobre el sombrío horizonte!

Así, ¿no tengo razón en llamar a Rachilde madama la Anticristesa? Ella comprende, ella sabe, y ella es también un Signo. ¡Qué página escribiría el profético Bloy sobre las anunciaciones del Juicio!

¿Cómo dar una muestra de lo que escribe Rachilde, sin grave riesgo...? Felizmente encuentro una paginita magistral, inocente y hasta santa, que escribió con el título: «Imagen de Piedad».
Es la que sigue:

«Era de aquellos que no conocen ni el reposo, ni las fiestas, el pobre buen hombre viejo. Llevaba al dueño de su pequeño cortijo, la entrega del mes de agosto: el medio saco de trigo molido, tres pares de pollos, cuyos huesos sobresalían bajo las plumas erizadas, y un poco de manteca. Sus hijos, desembarazándose del servicio para ir a los oficios, le habían puesto la brida del asno en el puño, del viejo asno casi tan enfermo como él y; "Hue! Papá! Conduisez droit notre Martin...!"
»En momentos en que él llegaba a la orilla, recibió en plena frente como un deslumbramiento, una visión del paraíso, y permaneció allí estúpidamente plantado, en una admiración respetuosa; el asno, reculó, afirmándose sobre sus jarretes: era la procesión que se desenvolvía, con sus grandes muselinas talares, sus banderas llenas de reflejos, sus cordones floridos, con sus ángeles, niños y niñas, "tout en neuf"; inflando sus mejillas bajo sus coronas de rosas. Después el sacerdote, vestido de un inmenso manto de oro, levantando al buen Dios, pálido, a través de una custodia de fuego...
»Los jovencitos y las jovencitas se codearon y, querían reventar de risa; ciertamente, no se desarreglaría ese bello orden de cosas por un viejo hombre acompañado de un asno viejo. Y toda la procesión rozó a esos dos seres ridículos con el extremo de sus suntuosas vestiduras de reina.
»El viejo tuvo conciencia de su indignidad, se puso de rodillas, se quitó su gran sombrero. El asno bajó las orejas lamentablemente, sus orejas demasiado largas, roídas de úlceras y cubiertas de moscas. De la alforja de la izquierda, las cabezas asustadas de los volátiles, salieron abriendo el pico, tendiendo la lengua puntiaguda, muertos de sed, pues hacía un calor espantable, un pleno Sol que devoraba el piadoso grupo con sus dientes de brasa. El campesino se apoyaba en el animal y el animal en el campesino, sudando uno y otro, los flancos palpitantes, no osando ni uno ni otro mirar esas magnificencias que caían del cielo con llamas. La procesión, con su paso lento, ceremonioso, de gran dama, se acercaba al próximo altar de Corpus; eso no

concluía; siempre filas nuevas de mujeres endomingadas, nuevas filas de los señores notables; no volvería el viejo de su asombro de haber visto una tan enorme muchedumbre de cristianos bien puestos. En fin, llegó el momento en que pasaron los cojos, los enfermos, las madres llevando los niños de pecho, los mal vestidos, la vergüenza de la parroquia: "Menoux", el de las muletas, que tomaba rapé cada diez pasos: Ragotte, la bociosa, que tenía la manía de plantar su enfermedad sobre un vestido de cachemir verde.

»Entonces, nuestro viejo se levantó, vacilante sobre sus piernas doloridas, conmovido; levantó al asno por la rienda, siguió... No sabía ya lo que hacía, pero se sentía a su vez tirado como su asno, por una cuerda invisible, un hilo de oro salido de los rayos de la custodia, que corría a lo largo de las guirnaldas de flores y llegaba a su frente de viejo encaprichado, bajo la forma lancinante de una flecha de Sol. Muy chico, antes (¡oh! en la mañana de los tiempos), ha seguido al sacerdote con vestidos purpúreos, arrojando hojas de rosa entre los humos del incienso, y había tenido gozos de orgullo; más grande, se había colocado tras las mozas risueñas, intentando en veces distraerlas de su rosario; había tenido las mismas altiveces inexplicables, los mismos fuertes latidos de corazón, confundiendo el brillo de las piedras preciosas, de las casullas, con la dulce cintilación de los ojos de "Marión", su prometida... y después, no se acordaba mucho, los años corrían todos iguales, como las tocas blancas, como las alas palpitantes de todas esas cabezas de mujeres piadosas, perdiéndose sobre las azules lejanías del cielo... No se acordaba más; seguía, sin embargo, siempre el último, el menos digno, tirando de su asno con mano obstinada, olvidando hasta el objeto de su viaje. Y "Martin" dócilmente, ritmaba su marcha con el coro del cántico; los pollos, fuera de la alforja inclinaban la cresta, con aire de resignarse, pues que se iba al paso...

»Había quienes se volvían a menudo entre la fila de fieles escandalizados. Se le enviaban muchachos para decirle que se volviese... o que dejase su asno. ¡Qué cola de procesión, la de Martín! Circulaban risas de muchachas, con susurros de abejones; y solamente, el señor cura, no quería darse cuenta de nada, aparentando no entender lo que venía a murmurarle su sacristán al presentarle el incensario.

»La procesión después de las paradas de uso, se entró bajo el pórtico de la iglesia. El viejo se encontró solo, en medio de una playa desierta. Entrar con

"Martín" no era casi posible. Abandonar a "Martín", los pollos, la manteca, la montura, ni pensarlo quería. Y no tendría él su parte de la gran bendición, de aquella que inclinada a los fieles, cargados de pecados, sobre las baldosas, como las espigas maduras bajo el vencedor relámpago de la hoz... Lanzando un profundo suspiro, el pobre viejo se signó, descubierta su frente, una última vez, ante la ojiva sombría del pórtico. Mas he aquí que, bruscamente, brota de esa oscuridad temible una extraordinaria aparición: del fondo de la iglesia, el cura llevaba la custodia; sí, el cura asombrando a sus feligreses endomingados, el cura con su casulla luminosa, aureolado de estrellas, de cirios, nimbado de las nubes del incienso... y el sacerdote, con una mirada de extraña dulzura, pronuncia las palabras sagradas, mientras que resplandece, más fulgurante aún, la custodia de allá arriba, el Sol, sobre el humilde viejo que lloraba de alegría, sobre el triste "Martín" cuyas orejas ulceradas, pendían, ¡ay, tan lastimosamente...!»

Esa página de Rachilde da a conocer el fondo de amor y de dulzura que hay en el corazón de la terrible Decadente. Rachilde, la Perversa, habría sido disputada entre Dios y el diablo, según Luis Dumur. ¿Qué casuista, qué teólogo podría demostrarme la victoria de Satanás en este caso? Rachilde se salvaría, siquiera fuese por la intercesión del viejo campesino y por la apoteosis de «Martín», el cual también rogaría por ella ... ¿No se salvó el Sultán del poema de Hugo, por la súplica del cerdo?

George d'esparbès

Como el hecho no demuestra sino la oportunidad de una ocurrencia de poeta, que en todo caso no merece sino aplausos, y como me fue narrado delante de Jean Carrere, que aprobaba con su sonrisa, no creo ser indiscreto al comenzar estas líneas contando la historia de un telegrama de Atenas, leído en el reciente banquete de Victor Hugo y firmado George d'Esparbès, telegrama que reprodujo toda la prensa de París.

Jean Carrere, en unión de otros jóvenes brillantes y entusiastas, literatos, poetas, quisieron manifestar que no era cierta la fea calumnia levantada contra la juventud literaria de Francia, que ha sido tachada de irrespetuosa para con Victor Hugo.

Para ello, y con motivo de la nueva publicación de *Toute la Lyre*, organizaron un banquete que tuvo la correspondiente resonancia; un banquete que pudiérase llamar de desagravio.

Fueron ágapes a que asistió gran parte del París literario-viejos románticos, parnasianos y escuelas nuevas, y de las que brotó, maldita flor de discordia —a pistola, treinta pasos, sin resultado— un duelo entre Catulle Mendés y Jules Bois, quienes no hace mucho tiempo eran excelentes amigos. Fue la fiesta una deuda pagada, una ceremonia cumplida con el dios, y la cual, con gran pompa, y por contribución internacional, debería realizarse anualmente. Esta es una idea poético-gastronómica que dejo a la disposición de los hugólatras.

En la mesa, cuando el espíritu lírico y el champaña hacían sentir en el ambiente un perfume de real mirra y de glorioso incienso, en medio de los vibrantes y ardientes discursos en honor de aquél que ya no está, corporalmente, entre los poetas, después de los brindis de los maestros, y de los versos leídos por Carrere y Mendés, se pronunció por allí el nombre de George d'Esparbès. D'Esparbès no estaba en el banquete, él, que ama la gloria del padre, y que como él ha cantado, en una prosa llena de soberbia y de armonía, los hechos del «cabito», la epopeya de Napoleón. Jean Carrere, el soberbio rimador, se levanta y ausenta por unos segundos. Luego, vuelve triunfante, mostrando en sus manos un despacho telegráfico que acababa de recibir, un despacho firmado d'Esparbès.

¿Pero dónde está ahora él? Nadie lo sabe. Está en Atenas, dice Carrere. Y lee el telegrama, una corona de flores griegas que desde el Acrópolis envía el fervoroso escritor a la mesa en que se celebra el triunfo eterno de Hugo. Pocas palabras, que son acogidas con una explosión de palmas y vivas. Nadie estaba en el secreto. Cuando aparezca d'Esparbès no hay duda de que «reconocerá» su telegrama.

Y ahora hablemos de esa portentosa *Leyenda del águila* napoleónica.

La *Leyenda del águila* es un poema, con la advertencia de que d'Esparbès canta en cuentos. La epopeya es toda una, mas cada cuento está animado o por su llama propia, en que el lirismo y la más llana realidad se confunden.

No hace falta el verso, pues en esta prosa marcial cada frase es un toque de música guerrera, las palabras suenan sus fanfarrias de clarines, hacen rodar en el ambiente sus redobles de tambores, son a veces un cántico, un trueno, un ¡ay! un omnisonante clamor de victoria.

También el final es triste, al doble sonoro y doloroso de las campanas que tocan por la caída del imperio. Napoleón no aparece aumentado, no es un Napoleón mítico y de fantasía; antes bien, algunas veces como que el poeta se complace en achicar más su tan conocida pequeña estatura.

Pensaríase en ocasiones un joven Aquiles comandando un ejército de cíclopes, guiando a la campaña batallones de gigantes. Porque si emplea el lente épico d'Esparbès, es cuando pinta las luchas, el decorado, el campamento, los soldados imperiales. Los soldados crecen a nuestra vista, aparecen enormes, sobrehumanos, como si fuesen engendrados en mujeres por arcángeles o por demonios. Sus talantes se destacan orgullosa y heroicamente. Tienen formas homéricas, son verdaderos androleones; llega a creerse que al caer uno de ellos herido, debe temblar alrededor la tierra, como en los hexámetros de la Ilíada.

Tal húsar es inmenso; tal granadero podría llamarse Amico o Polifemo; tal escuadrón de caballería podría entrar en el versículo de un profeta, terrible y devastador como una «carga» de Isaías. Y en todo esto una sencillez serena y dominadora. Podría intercalarse en este libro, sin que se notase diferencia en tono y fuerza, el episodio de Hugo en que vemos a Marius asomarse a la ventana y lanzar un ¡viva al emperador! al viento y a la noche.

D'Esparbès ha elegido para su obra el cuento, este género delicado y peligroso, que en los últimos tiempos ha tomado todos los rumbos y todos los vuelos. La prosa, animada hoy por los prestigios de un arte deslumbrador y exquisito, juntando los secretos, las bizarrías artísticas de los maestros antiguos o los virtuosísimos modernos, es para él un rico material con que pinta, esculpe, suena y maravilla. Batallista de primer orden, conciso, nervioso y sugestivo, supera en impresiones y sensaciones de guerra a Stendhal y a Tolstoi, y si existe actualmente quien puede igualarle —alguno diría superarle— en campo semejante, es un escritor de España, Pérez Galdós, el Pérez Galdós de los *Episodios Nacionales*.

Desde que comienza el poema, con el cuento de los tres soldados; tres húsares altos como encinas, viene un potente soplo que posee, que arrebata la atención. Estamos enfrente de tres máquinas de carne de cañón, tres soldados, rudos y musculosos como búfalos, tres grandes animales crinados del rebaño de leones del pastor Bonaparte. Porque es de ver cómo esos sangrientos luchadores, esos fieros hombres del invencible ejército, hablan del «emperadorcito», del pequeño y real ídolo, como de un divino pastor, como de un David. Así cuando se pronuncia su nombre, las fauces bárbaras, los fulminantes ojazos, se suavizan con una dulce y cariñosa humedad. Son tres soldados que después de la jornada de Jena, tienen, lo que es muy natural en un soldado después de una batalla, tienen hambre.

Ingenuamente y «necesariamente» feroces, esos tres hombres degüellan a uno del enemigo, con la mayor tranquilidad, pero sufren y se inquietan cuando sus caballos no comen.

Por eso cuando hallan un cura que les hospeda, en Saalfeld, del lado de Erfurth, y les da buena vianda y buen pan, lo que está conforme con la lógica militar es que sus tres cabalgaduras, también hambrientas, entren a comer en los mismos platos de ellos, espantando a la criada, y haciendo que el sacerdote medite, y vea el alma de esos hombres; y no se extrañe. Es uno de los mejores cuentos del poema. No resisto a citar una frase.

Los soldados comen como desesperados de apetito. El cura les contempla, meditabundo y sacerdotal. De cuando en cuando les hace preguntas. Ha tiempo que están en armas. Desde jóvenes han oído las trompetas de las

campañas. No saben de nada más. Y sobre todo, Napoleón se alza delante de ellos semejante a una inmortal divinidad. El cura dice a uno:
«—Y vos, hijo mío, ¿creéis en Dios padre todopoderoso?»
El soldado no comprende bien. Piensa: «Dios padre. Dios hijo... Dios...»
«—¡Y bien! —grita de repente:
»—¡Todo eso...! ¡eso es la familia del emperador!»

Después surge a nuestra vista un colosal tambor mayor del ejército de Italia, «alto como una torre y tierno como un saco de pan». Su nombre es un verdadero nombre de gigante, más hermoso y tremendo que el de Cristóbal o el de Fierabrás, o el de Goliat; se llama Rougeot de Salandrouse. Un gallardo bruto, que cuando reía, «il montrait comme les bêtes une épaisse gueule de chair rouge qui semblait saigner».

Este bello monstruo que gustaba de las viejas historias de guerra y de las sublimes mitologías, amaba sobre todo la armonía musical, las cornetas, los parches del combate. Bonaparte le nombró subteniente, teniente y capitán; después de lo de Areola, después de lo de Mantua, después de lo de Trebia. Pero el hijo de Apolo cifraba su ambición en las pompas radiantes, en los compases, en el bastón que guiaba a los tambores: quería ser tambor mayor. Lo fue después de mucho pedirlo al emperador; y el titánico testarudo saludó con su admirable uniforme y sus vanidosos gestos, el triunfal Sol de Austerlitz. Le vio Lannes desde su caballo, le vio Soult, le vio Bernadotte, le vio el insigne caballero Murat: y junto con Berthier y Janot, le vio, sonriendo, el «petit caporal», príncipe y dueño del Águila. Y cuando llega la áspera brega, en medio de los choques, de la confusión sangrienta y de la muerte, la figura de Salandrouse, guiando sus tambores, adquiere proporciones legendarias.

Herido, soberbio, incomparable, hace que los parches no cesen de tocar un son de victoria; y hay que ir a arrancarle de su puesto, donde se yergue, maravilloso como un dios, al canto ronco y sordo de los pellejos cribados.

El desdén de la muerte, el respeto de la consigna, el amor a la vida militar, y sobre todo, la adoración por el que ellos miran como favorecido de la omnipotencia divina; —conquistador victorioso, señor del mundo, Napoleón—, forman el alma de estos épicos relatos.

Ya es el conde subteniente que sufre sin gemir, y muere oyendo leer, cual si fuese un santo breviario, un libro de oro de la nobleza heroica; ya es el grupo de bravos rústicos que no sabían cargar los fusiles en medio de la más horrible carnicería, y que luego fueron condecorados; ya son los rudos gascones que luchan como tigres y gritan como diablos; ya es la marcha que bate un tamborcito casi femenil, para que desfilen ante los ojos aquilinos de Bonaparte ciento veinticinco hombres, resto de los treinta y ocho mil de Elkingen, o la visión de los cascos coronados por penachos de cabellos de mujeres españolas; o «Le Kenneck», valiente y fiel, delante del rey de Prusia; o el águila del Imperio que sale, apretando el rayo con las garras, del vientre del caballo muerto; o esta orden trágica, casi macabra, dada en lo más duro de la batalla: «En avant, les cadavres...!», o el capellán que parafrasea la Biblia al ruido de las descargas; o ese cuadro cuya sencilla magnificencia impone, asombra y encanta, cuando el Cabito tiene frío, y va a la tienda de la guardia inmortal, y duerme y se le hace lumbre con millones de oro, con Murillos, con Goyas, con portentos de Velázquez, con encajes de marquesas y abanicos de manolas; o el león de vida de gato que creía ser inmortal si no se le mataba con su sable; o el abandono de los caballos, alas de los caballeros; o el oficial que condecora y el emperador que aprueba; o el fantasma del «shakó», que se alza para responder con bizarría y cae en la muerte; o Duclós con sus charreteras, que condecora llorando a un viejo luchador, y cuando el emperador le pregunta: «Duclós, ¿conoces a ese hombre?» le contesta: «¿Señor, es mi padre!» o el águila, el águila viva, que vuela y grita sobre el pabellón que marcha al Austria; o el fúnebre clamor del abismo; o, en fin, los cañones que doblan cuando ya el Grande ha caído, ilúgubres y fatales campanas del Imperio!

¡Libro magistral; poema ardiente y magnífico!

¡La mujer no aparece sino raras veces, y en los recuerdos de los héroes: las madres, las abuelas llenas de canas, alguna esposa que está allá lejos! Donde brota un grupo de ellas, como un coro de Esquilo, terribles, suplicantes, gemidoras como mártires, coléricas como gorgonas, es en el capítulo, en el cuento de las crines. A un gran número de las hijas de España, en su pueblo invadido, un coronel fantasista, jovial y plúmbeo, hace cortar las cabelleras para adornar los cascos de sus dragones. Y como una mujer, aullante de dolor como Hécuba, se presenta con sus espesos cabellos ya canosos, el coronel se los hace también cortar y los pone sobre su cabeza marcial, donde los hará agitarse el huracán de la guerra. Y otra mujer brilla como una estrella de virtud y de grandeza, divina suicida, augusta delante de la muerte. Sucumbe con su niño en el más sublime de los sacrificios; pero también quedan emponzoñados, rígidos y sin vida, en la casita pobre, ocho cosacos como ocho bestias fieras.

¿Qué otra figura femenil? Hay una, envuelta en el misterio. Ella, la vaga, la anunciadora de las desgracias, la que se pasea silenciosa por los vivacs, haciendo malos signos; ella, solitaria como la Tristeza, y triste como la Muerte. ¿Qué otra más? La Victoria, de real y soberano perfil, de cuello robusto y erectas mamas; creatriz de los lauros y de los himnos.

Este libro es una obra de bien. Él es fruto de un espíritu sano, de un poeta sanguíneo y fuerte; y Francia, la adorada Francia, que ve brotar de su suelo —por causa de una decadencia tan lamentable como cierta, falta de fe y de entusiasmo, falta de ideales—; que ve brotar tantas plantas enfermas, tanta adelfa, tanto cáñamo indiano, tanta adormidera, necesita de estos laureles verdes, de estas erguidas palmas. Libros como el de d'Esparbès recuerdan a los olvidadizos, a los flojos y a los epicúreos el camino de las altas empresas, la calle enguirnaldada de los triunfos.

Y puesto que de Vogüe ha visto el feliz anuncio de un vuelo de cigüeñas, alce los ojos Francia y mire si ya también vuelve, sonora, lírica, inmensa, el Águila antigua de las garras de bronce.

Augusto de Armas

Hace algunos años un joven delicado, soñador, nervioso, que llevaba en su alma la irremediable y divina enfermedad de la poesía, llegó a París, como quien llega a un Oriente encantado. Dejaba su tierra de Cuba en donde había nacido de familia hidalga. Tenía por París esa pasión nostálgica que tantos hemos sentido, en todos los cuatro puntos del mundo; esa pasión que hizo dejar a Heine su Alemania, a Moréas su Grecia, a Parodi su Italia, a Stuart Merrill su Nueva York. Hijo espiritual de Francia y desde sus primeros años dedicado al estudio de la lengua francesa, si llegó a escribir preciosos versos españoles, donde debía encontrar la expresión de su exquisito talento de artista, de su lirismo aristocrático y noble, fue en el teclado polífono y prestigioso de Banville.

¡Banville! Pocos días antes de morir aquel maestro maravilloso y encantador, recibió un libro de versos en cuya portada se leía: «Augusto de Armas-Rimes Byzantines». Leyó las rimas cinceladas de Armas y entonces le escribió una carta llena de aliento y entusiasmo.

Théodore de Banville había escrito, a propósito de Wagner, estas palabras: «Le vrai, le seul, l'irrémisible défaut de son armure c'est qu'il â fait des vers français. L'homme de génie, qui doit tout savoir, doit savoir entre autres choses, que nul étranger ne fera jamais un vers français qui ait le sens commun. On t'en fricasse des filles commes nous! voilà ce que dit la Muse française a quiconque n'est pas de ce pays ci, et lorsqu'elle disait cela en se mettant les poings sur les hanches, Henri Heine, qui était un malin, l'a bien entendu». Ciertamente, le escribió el gran poeta a Augusto de Armas, —he dicho eso; pero huélgome de confesar que vos sois la excepción de lo que afirmé.

Basta leer una sola de las poesías del refinado bizantino de Cuba, para reconocer que fue con justicia armado caballero de la musa francesa al golpe de la espada de oro de Banville. ¿Quién ha cantado en más ricos hemistiquios el oleaje sonoro de los alejandrinos? Como Carducci que lleno del fuego de su estro entona su cántico «¡Ave o Rima...!» como Sainte Beuve que a manera de Ronsard celebra ese mismo encanto musical de la consonancia, Augusto de Armas, con el más elevado deleite, alaba la forma del verso francés en que se han escrito tantas obras maestras y tantos tesoros literarios; alaba el instrumento que ha hecho resonar desde el *Poema de Alejandro* hasta las colosales armonías de *La leyenda de los siglos*.

Su libro es labrado cofrecillo bizantino, lleno de joyas. Su verso es flor de Francia; su espíritu era completamente galo. Ha sido uno de los pocos extranjeros que hayan podido sembrar sus rosas en suelo francés, bajo el inmenso roble de Victor Hugo. El abate Marchena no sé que haya hecho en francés nada como su curiosidad latina del falso Petronio; Menéndez Pelayo, pasmo de sabiduría, según se dice en España, dudo que se acomodase a las exigencias de las musas de Galia; Longfellow dejó muy medianejos ensayos, como su juguete «Chez Agassiz», Swinburne, que como Menéndez Pelayo versifica admirablemente en lenguas sabias, en sus versos franceses va como estrechado y sin la libertad y potencia de sus poesías en su lengua nativa. Lo mismo Dante Gabriel Rossetti.

Heine lo que escribió en francés fue prosa; lo propio Turgueniev. Los casos que pueden citarse, semejantes al de Augusto de Armas, son el de su paisano José María de Heredia, que se ha colocado orgullosamente entre el esplendor de sus trofeos; el de Alejandro Parodi, que ha logrado hasta el laurel de las victorias teatrales: el de Jean Moréas, gran maestro de poesía; el de Stuart Merrill, que solo puede ser yankee porque como Poe nació en ese país que Péladan tiene razón en llamar de Calibanes; el de Eduardo Cornelio Price, distinguido antillano, el de García Mansilla, poeta y diplomático argentino que escribe envuelto en el perfume del jardín de Coppée. Pero José María de Heredia llegó a París muy joven, y apenas si tiene de americano el color y la vida que en sus sonetos surgen, de nuestros ponientes sangrientos, nuestras fuertes savias y nuestros calores tórridos. Heredia se ha educado en Francia; su lengua es la francesa más que la castellana. Parodi, por una prodigiosa asimilación, pertenece al Parnaso francés; Moréas llegó de Atenas, histórica hermana de París; Stuart Merrill, como Poe, brota de una tierra férrea, en un medio de materialidad y de cifra, y es un verdadero mirlo blanco; formando Poe, el pintor misterioso y él, la trinidad azul de la nación del honorable presidente Washington; Price, no pasa de lo mediano; y García Mansilla, me figuro, que a pesar de sus preciosas producciones, y con todo y creerle dominador de la rima francesa y poeta y refinado artista, me figuro, digo, que debe de ser un cultivador elegante de la poesía, un trovero gran señor que ritma y rima para solaz de los salones, versos que deben ser impresos en ediciones ricas y celebrados por lindas bocas en las bellas veladas de la diplomacia.

Augusto de Armas representaba una de las grandes manifestaciones de la unidad y de la fuerza del alma latina, cuyo centro y foco es hoy la luminosa Francia. Él, que había nacido animado por la fiebre santa del arte, llevó al suelo francés la representación de nuestras energías espirituales, y Banville pudo reconocer que el laurel francés, honra y gloria de nuestra gran raza, podía tener quien regase su tronco con agua de fuente americana, y que un americano de sangre latina podía ceñirse una corona hecha de ramas cortadas en el divino bosque de Ronsard.

¿Pero el soñador no sabía acaso que París, que es la cumbre, y el canto, y el lauro, y el triunfo de la aurora, es también el maelstrom y la gehenna? ¿No sabía que, semejante a la reina ardiente y cruel de la historia, da a gozar de su belleza a sus amantes y enseguida los hace arrojar en la sombra y en la muerte? ¡Pobre Augusto de Armas! Delicado como una mujer, sensitivo, iluso, vivía la vida parisiense de la lucha diaria, viendo a cada paso el miraje de la victoria y no abandonado nunca de la bondadosa esperanza. Entre los grandes maestros, encontró consejos, cariño, amistad. Dios pague a Sully Prudhomme, al venerable Leconte de Lisle, a Mendés y a José María de Heredia, los momentos dichosos que podían dar al joven americano, alimentando su sueño, su noble ilusión de poeta. Y también a los que fueron generosos y llevaron a la cama del hospital en que sufría el pálido bizantino de larga cabellera, el consuelo material y la eficaz ayuda. Entre estos diré dos nombres para que ellos sean estimados por la juventud de América: es el uno Domingo Estrada, el brillante traductor de Poe, y el otro M. Aurelio Soto, ex presidente de la República de Honduras.

Laurent Tailhade
Rarísimo. Es, ni más ni menos, un poeta. Estas palabras que se han dicho respecto a él no pueden ser más exactas: «Es un supremo refinado que se entretiene con la vida como con un espectáculo eternamente imprevisto, sin más amor que el de la belleza, sin más odio que a lo vulgar y lo mediocre».

Como poeta, como escritor, no ha tenido la notoriedad que solo dan los éxitos de librería, los cuales desprecia el olímpico Jean Moréas, supongo que, fuera de la razón lírica, porque recibe una buena pensión de su familia de Atenas. Como hombre, raro es el que no conozca a Tailhade en el «quartier».

Y a propósito, ¿recuerdan los lectores lo que aconteció a este otro poeta cuando el alboroto de los estudiantes, años ha? No le dieron sus versos, por cierto, la fama que los garrotazos y heridas que recibió. Poco más o menos sucede ahora con Laurent Tailhade. Sus libros, que antes solamente circulaban entre un público escogido y en ediciones de subscripción, es probable que tengan hoy siquiera sea una pasajera boga; aunque su refinamiento y su aristocracia artística no serán ni podrían ser para el gran público de los indudablemente ilustres Tales y Cuales. El cómo ve la vida Laurent Tailhade, lo explica un caricaturista de esta manera: «El poeta, vestido a la griega, toca la lira admirando un hermoso caballo salvaje. Poseído del "deus", no advierte el peligro. Resultado: Orfeo recibe un par de coces que le echan fuera de la boca toda la dentadura».

Y Castelar a su vez, hablando de la explosión que tan maltrecho dejó al lírico: «Hallábase allí entre tantos adoradores de la belleza divorciada del bien, un escritor anarquista, el amado Tailhade, quien dijo que importaba poco el crimen cometido por Vaillant, ante la hermosura de su actitud y de su gesto al despedir la bomba, solo comparables, añado yo, al gesto y actitud de Nerón, cuando, vestido de Apolo y llevando en las manos áurea cítara tañida por sus delicados dedos, celebraba el incendio de la sacra Ilión entre las llamas que consumían la Ciudad Eterna. Pues bien, el apologista de Vaillant y su crimen estaba en el comedor cuando estalló la nueva bomba; y efecto del estallido, cayó casi deshecho en tierra, perdiendo un ojo arrancado a su rostro por los vidrios ardientes. Al sentirse así, no dijo nada

el cuitadísimo de gestos y actitudes, llevóse la mano a la herida y gritó: "¡Al asesino!" Hay providencia.»
¡El «amado Tailhade», anarquista!
Él gusta de los buenos olores y de las cosas bellas y poéticas. No quiso ir al último banquete de la Pluma, porque «olía a remedios». ¿Será anarquista el que sabe como todos que, no digamos el anarquismo sino la misma democracia, huele mal?
Tengo a la vista sus *Vitraux*. Mi número es el 226 del tiraje único de quinientos ejemplares que sobre rico papel de Holanda hizo el editor Vanier.
Vitraux es la primera parte de *Sur Champ d'Or*. La carátula está impresa a tres tintas, rojo, violeta y negro, sobre un papel apergaminado. Y la dedicatoria que escribió ese admirador de Vaillant es la siguiente:

A Madame
La Comtesse Diane de Beausaq
L. T.

Laurent Tailhade dedica a esa dama aristocrática sus versos, porque debe de ser bella, tiene un lindo nombre y el blasón es siempre bello. Y pronunció la «boutade» sobre Vaillant porque, como Castelar, se imaginó que el dinamitero había lanzado la bomba con un bello gesto. En cuanto a Nerón, era sencillamente otro poeta, muy inferior por cierto al raro de quien hoy escribo. Porque, no, no haría ni con todas las lecciones de cien Sénecas, el imperial rimador, versos a sus dioses, como estos burilados, miniados adorables versos que Tailhade ha escrito *Sur Champ d'Or* en homenaje a la religión católica... y a la mujer amada. Es un homenaje sacrílegamente artístico, si queréis; son joyas profanas adornadas con los diamantes de las custodias, labradas en el oro de los altares y de los cálices. Cierto que en los tercetos a nuestra Señora, no se muestra el resplandor sagrado de la fe que vemos en la liturgia de Verlaine; son obras inspiradas en la belleza del culto cristiano, del ritual católico.
Pero después de *Pauvre Lelian*, que con fe pura y profunda y arte de insigne maestro, ha escrito prodigios de rimado amor místico, nadie ha igualado siquiera al Laurent Tailhade de los *Vitraux* en ninguna lengua, por la

gracia primitiva, el sagrado vocabulario y el sentimiento de las hermosuras y magnificencias del catolicismo. Es aquí demasiado profano, es cierto, y vierte en el agua bendita un frasco de opoponax ... ¿Le perdonaremos en gracia al «bello gesto»? Para escribir estos poemas ha debido recorrer los viejos himnarios, las prosas, los antiguos cantos de la iglesia; las secuencias de Notker, las de Hildegarda, las de Godeschalk y las poesías de aquel divino Hermanus Contractus que nos dejó la perla de la Salve Regina.

Laurent Tailhade es buen latinista, y ha versificado imitando a Adam de Saint-Victor.

Ejemplo:

¡Saivi vincia! ¡fulge lemur!
Amor nunc foveamur:
Per te, virgo, virginemur.

Sus *Vitraux* son comparables a los de las antiguas catedrales. En ellos la Virgen conversa ingenuamente con el encantador serafín:

Les calcédoines, les rubis
Passementent ses longs habits
De moire antique et de tabis.

Ses cheveux souplets d'ambre vert
Glissent comme un rayon d'hiver
Sur sa cotte de menu-vair.

¡Oh! ses doigts frêles et le pur
Mystère de ses yeux d'azur
Eblouis du pardon futur!

Tremblante elle reçoit l'Ave.
Par qui le front sera lavé
D l'antique Adam réprouvé.

Emperière au bleu pennon,
Sur le sistre elle tympanon,
Les cieux exaltent ton renom.

¡Toi de Jessé royal provin,
Pain mistique, pain sans levain,
Font scellé de l'Amour divin!

¡Toison de Gédéon! ¡Cristal
Dont le soleil oriental
N'adombre pas le feu natal...!

La letanía continúa magnífica y preciosamente encadenada. Delicado, perfumado con mirra celeste, su «Hortus Conclusus» resuena con el eco de un himno en la fiesta de la purificación:

Quia obsequentes oferunt
Ligustra et alba lilia.
Candor sed horum vincitur
Candore casti pectoris.

Siempre la reina Virgen, la «Mére Marie» de Verlaine —¡y de todos los que sufren!— aparece radiante, vestida de Sol, la Hija del príncipe que cantó el Profeta. Todos los bálsamos de consolación brotan de ella: todos los perfumes: el del olibán, el del cinamomo, el del nardo de la Esposa del Cantar de los Cantares.

Un soneto litúrgico hay que no puedo menos que reproducir. Para él no habría traducción posible en verso castellano.
Es este:

Dans le nimbe ajouré des vierges byzantines,
Sous l'auréole et la chasuble de drap d'or
Où s'irisent les clairs saphirs du Labrador,
Je veux emprisonner vos grâces enfantines.

¡Vases myrrhins! ¡trépieds de Cumes ou d'Endor!
¡Maître-autel qu'ont fleuri les roses de matines!
Coupe lustrale des ivresses libertines,
Vos yeux sont un ciel calme ou le désir s'endort.

¡Des lis! ¡des lis! ¡des lis! ¡Oh páleurs inhumaines!
¡Lin des etoles, choeur des froids catéchuménes!
¡Inviolable hostie oferte a nos espoirs!

Mon amour devant toi se prosterne et t'admire,
Et s'exhale, avec la vapeur der encensoirs,
Dans un parfum de nard, de cinname et de myrrhe.

Imaginaos un enamorado que fuese a las santas basílicas a arrancar los mejores adornos para decorar con ellos la casa de su querida. Podría citar exquisitas muestras de este volumen admirable; pero sería alargar mucho estas apuntaciones. He de observar, sí, algo de su poética. Hay en ella mezcla de Decadencia y de Parnaso. Algunas veces se pregunta uno: ¿es esto Banville? Prueba:

C'est un jardin orné pour les métamorphoses
Où Benserade apprend ses rondeaux aux Follets,
Où Puck avec Trilby, près des lacs violets,
Débitent des fadeurs, en adorables poses.

Y el «Menuet d'automne», es un espécime de la poética modernísima. Pero en todo se reconoce la distinción, la aristocracia espiritual y la magnífica realeza de ese «anarquista».

Cierto es que es éste el anverso de la medalla: la faz del inmortal Apolo.

En el reverso nos encontramos con una cara conocida, ancha y risueña, con la cabeza de un bonachón y pícaro fraile que nos saluda con estas palabras: «¡Buveurs très illustres, et vous, verolés très précieux!...». Laurent Tailhade ha renovado a Rabelais en sus escasamente conocidas *Lettres de mon Ermitage*. Después, su risa hiriente y sonora se ha derramado en una profusión de baladas que le han acarreado un sinnúmero de enemigos. En este terreno es una especie de Léon Bloy rimador y jovial. Quisiera citar algún fragmento de las cartas o de las baladas; ¿pero cómo serán ellas cuando en las revistas que se han publicado se ven llenas de lagunas y de puntos suspensivos? Con un tono antiguo y bufonesco, burla a sus contemporáneos, empleando en sus estrofas las palabras más brutales, obscenas o escatológicas. Sus baladas son el polo opuesto de sus *Vitraux*. Esas baladas se conocieron en las noches literarias de la «Plume» u otras semejantes, y hoy pueden verse en un elegante volumen ilustrado por H. Paul. Nombres de escritores, asuntos políticos y sociales, son el tema. Ya despelleja a Péladan,

... C'est Péladan-Tueur-de Mouches...
Quand Péladan coiffé de vermicelle...,

ya pone en berlina a Loti, o a Bonnetain, o a Barrès, o a Jean Moréas; ya la emprende con el senador Bérenger, de pudorosísima memoria; ya toma como blanco al burgués y alaba la terrible locura de Ravachol o de Vaillant.

Allá en el fondo de su corazón de buen poeta, hallaréis honrada nobleza, valor, bravura y un tesoro de compasión para el caído. Exactamente lo mismo que en el fulminante Bloy.

Como conferencista ha traído un escogido público a la Bodiniére. Su figura es apropiada a la elocuencia, y sus gestos son bellos, en verdad.

Hay un retrato de «Dom Juniperien» —seudónimo suyo, en el *Mercure*— que le representa sentado en una vieja silla monástica, vestido con su hábito de religioso, la capucha caída. La frente asciende en una ebúrnea calva imponente; sobre el cuello robusto se alza la cabeza firme y enérgica; los ojos escrutadores brillan bajo el arco de las cejas; la nariz recta y noble se asienta sobre un bigote de sportman, cuyas guías aguzadas denuncian la pomada húngara. De las oscuras mangas del hábito salen las manos blancas, cuidadísimas, finas, regordetas, abaciales.

Fue de los primeros iniciadores del simbolismo. Vive en su sueño. Es raro, rarísimo. ¡Un poeta!

Fra Domenico Cavalca

No tengo conocimiento de que se haya traducido a nuestra lengua ningún libro del «primitivo» fra Domenico Cavalca, en cuyas obras en prosa y en verso brilla la luz sencilla y adorable, la expresión milagrosa de las pinturas de un Botticelli. Al menos, Estelrich, que es, en lo moderno, quien mejor se ha ocupado en su magnífica Antología, de las traducciones de obras italianas en idioma español, no cita en las noticias bibliográficas de su obra el nombre del fraile Cavalca, de cuyas producciones dice Manni, citado por Francisco Costero, hablando de las *Vite scelte dei santi padri*, que son merecedoras de todo encomio, «non solamente pel fatto di nostra favella, ma exiandio per la materia stessa di erudizione, di buon costume, di ottimi esempli, di antichi riti e di profonda, sovrana dottrina fornita e ripiena»: Costero le coloca en el rango de primer prosista de su tiempo, apoyado en Barretti, y en la mayor parte de los críticos modernos.

Si la pintura «primitiva» ha dado vuelo a la inspiración de los prerrafaelitas, la poesía, la literatura trecentista y quatrocentista, resuena también en el laúd de Dante Gabriel Rossetti, en la lira de Swinburne. En Francia ha inspirado a más de un poeta de las escuelas nuevas. Verlaine, Moréas, Vielli Griffin —quien con su Oso y su Abadesa ha escrito una obra maestra—, son muestra de lo que afirmo. Ese mismo Laurent Tailhade, ese mismo poeta de las baladas anárquicas, ha escrito antes sus *Vitraux*, en los cuales hallaréis oro y azul de misal viejo, sencillas pinceladas de fra Angélico. Hay un tesoro inmenso de poesía en la gloriosa y pura falange de los místicos antiguos.

Cuando en nuestra Bolsa el oro se cotiza duramente, cuando no hay día en que no tengamos noticia de una explosión de dinamita de un escándalo financiero o de un baldón político, bueno será volar en espíritu a los tiempos pasados, a la Edad Media.

Le Moyen Âge énorme et délicat...

He aquí a Cavalca, dulce y santo poeta que respiraba el aroma paradisíaco del milagro, que vivía en la atmósfera del prodigio, que estaba poseído del amor y de la fe en su Señor y rey Cristo. Antes que él, fra Guittone d' Arezzo pedía en un célebre soneto a la Virgen, que le defendiese del amor terreno y le infundiese el divino; y el inmenso Dante, en medio de sus agitaciones de combatiente, ascendía por las graderías de oro de sus tercetos, al amor divino, conducido por el amor humano.

Eran los antiguos místicos prodigiosos de virtud; sus grandes almas parece que hubiesen tenido comunicación directa con lo sobrenatural; de modo que el milagro es para ellos simple y verdadero como la eclosión de una rosa o el amanecer del Sol. ¡Y qué artistas, qué iluminadores! En la tela de la vida de un anacoreta, de un solitario, os bordan los paisajes más ideales, las flores más poéticamente sencillas que podáis imaginar. La caridad, la fe, la esperanza iluminan, perfuman, animan las obras. Es el tiempo del imperio de Cristo. Para aquellos corazones únicos, para aquellas mentes de excepción, la cruz se agiganta de tal manera que casi llena todo el cielo. El padre mismo y la Paloma blanca del Espíritu están en el resplandor del Hijo. Y la Madre, la emperatriz María, pone con su sonrisa una aurora eterna en la maravilla del Empíreo.

La hagiografía fue en aquellos siglos ocupación de las mejores almas. Fra Domenico, si dejó escritos religiosos y teológicos, y vulgarizó más de una obra desconocida, si fue poeta en sus serventesios y laudes, lo que le ha señalado un puesto único en la literatura mística universal, son las *Vidas*; aunque ellas no sean originales sino arreglos y versiones. «"Le Vite de Santi Padri" furono scritte parte de san Gerolamo, parte da Evagrio del Ponto e da Sant' Atanasio, e fra Domenico Cavalca le tradusse del latino», dice Costero. Pero hay tal encanto, tal ingenua gracia y tal animación en ese italiano antiguo; es tan nítido y suave el estilo de fra Domenico, que la obra pasa a ser suya propia. No conozco las otras traducciones suyas de obras diversas, como el *Pangilingua* o *Suma de vicios*, de Guillermo de Francia, u otras de que habla Costero: Un diálogo y una epístola de san Gregario, las *Ammonizione* de san Jerónimo a santa Paula, un libro de fra Simone de Cascia, el *Libro de Ruth*, y *Tratado de virtudes y vicios*.

La musa de Cavalca, dice De Sanctis, es el amor. Respira, en efecto, amor todo aquello que brota de su pluma: el absoluto amor de Dios. La ternura rebosa en la vida de santa Eugenia, que tanto entusiasmó a escritora como la Franceschi Ferrucci. En la de san Pablo, primer ermitaño, flota un ambiente de deliciosa fantasía. No creo equivocarme si digo que Anatole

France ha leído a nuestro autor para escribir imitaciones tan preciosas como la «Leyenda» y «Celestin» de su *Etui de nacre*. Las creaciones del paganismo alternan con las figuras ascéticas. Pinturas hay de fra Domenico que tienen toda la libertad de la inocencia, y que en boca de un autor moderno serían demasiado naturalistas. En la vida de san Pablo es donde se cuenta el caso de aquel mancebo que, tentado para pecar, por una «bellísima meretriz», sintiéndose ya próximo a faltar a la pureza, se cortó la lengua con los dientes y la arrojó sangrienta a la cara de la tentadora.

El viaje de san Antonio en busca de su hermano en Cristo, Pablo, que habitaba en el Yermo, es página curiosísima.

Allí es donde vemos afirmada la existencia real de los hipocentauros y de los faunos. El santo peregrino encuentra a su paso un «mezzo uomo e mezzo cavallo», que conversa con él y le da la dirección que debe seguir para encontrar al eremita. Luego un sátiro, un «uomo piccolo, col naso ritorto e lungo, e con coma in fronte, e piedi quasi come di capra», le ofrece dátiles y le ruega que interceda por él y sus compañeros con el nuevo Dios, con el triunfante Cristo.

Para fra Domenico, que era un digno poeta, la existencia de esos seres fabulosos es cosa indiscutible e indudable. Más aun, da en su apoyo citas históricas. «De estas cosas, dice, no hay que dudar, por creerlas increíbles o vanas; porque en tiempo del emperador Constantino, un semejante hombre vivo fue llevado a Alejandría, y después, cuando murió, su cuerpo fue conservado "(insalato)" para que el calor no le descompusiese, y llevado a Antioquía, al emperador, de lo cual casi todo el mundo puede dar testimonio.»

Pero nada como la odisea de los monjes Teófilo, Sergio y Elquino, cuando se propusieron, para edificación de la gente, narrar y escribir las admirables cosas que Dios les había hecho ver, en su viaje en busca del Paraíso terrenal. Esto se ve en la vida de san Macario. Habiendo renunciado al siglo, entraron a un monasterio de Mesopotamia de Siria, del cual era abad y rector Asclepione. El monasterio estaba situado entre el Éufrates y el Tigris. Teófilo un día en medio de una mística conversación, propuso a sus dos nombrados hermanos en Cristo ir en peregrinación por el mundo, «hasta llegar al lugar en que se junta el cielo con la tierra». Partieron todos juntos, y la primera ciudad que encontraron después de muchos días de caminar fue Jerusalén, en donde adoraron la santa cruz y visitaron los lugares santos. Estuvieron en Belén, y en el monte de los Olivos. Después se dirigieron a Persia, el cual imperio recorrieron. Luego van a la India, y empiezan para ellos los encuentros raros, los peligros y las cosas extranaturales. Les rodean tres mil etíopes, en una casa deshabitada en la cual habían entrado a orar; les cercan de fuego, para quemarles vivos; oran ellos a Cristo; Cristo les salva; les encierran para darles muerte de hambre; Dios les saca libres y sanos. Pasan por montes oscuros, llenos de víboras y fieras. Caminan días enteros y pierden el rumbo. Un bellísimo ciervo llega de pronto y les sirve de guía. Vuelven a encontrarse solos, en un lugar lleno de tinieblas y de espantos: una paloma se les aparece y les conduce. Encuentran una tabla de mármol con una inscripción referente a Alejandro y a Darío. En la cual tabla miran escrita la dirección nueva que deben tomar. Cuarenta días más de peregrinación y caen rendidos de cansancio. Llaman a Dios, y adquieren nuevas fuerzas. Se levantan y ven un grandísimo lago lleno de serpientes que parecían arrojar fuego, «y oímos voces, dice la narración, salir estridentes de aquel lago, como de innumerables pueblos que gimiesen y aullasen». Una voz del cielo les dijo que allí estaban los que negaron a Cristo.

Hallaron después a un hombre inmenso —una especie de Prometeo— encadenado a dos montes, y martirizado por el fuego. Su clamor doloroso «s'udiva bene quaranta miglia alla lunga». Después en un lugar profundísimo, y horrible, y rocalloso y áspero —los adjetivos son del original— vieron una fea mujer desnuda a la cual apretaba un enorme dragón, y le mordía la lengua. Más adelante encuentran árboles semejantes a las higueras, llenos de pájaros que tenían voz humana y pedían perdón a Dios por sus pecados. Quisieron nuestros monjes saber qué era aquello, mas una voz celeste les reprendió: «Non ci conviene a voi conoscere li segreti giudici di Dio; andate alla via vostra». Con esta franca indicación los buenos religiosos prosiguieron su camino. Hallan enseguida cuatro ancianos, hermosos y venerables, con coronas de oro y gemas, palmas de oro en las manos; ante ellos fuego y espadas agudas. Temblaron los peregrinos; pero fueron confortados: «Seguid vuestro camino seguramente que nosotros estaremos en este lugar, por Dios, hasta el día del juicio».

Anduvieron cuarenta días más, sin comer. Después viene la pintura de una visión semejante a las visiones, de los fuertes profetas —Ezequiel, Isaías—, pero en un lenguaje dulce y claro, de una transparencia cristalina. No es posible dar traducidas las excelencias originales. Dicen que, en su camino, escucharon como cantar la voz de un pueblo innumerable; y sintieron al mismo tiempo perfumes suavísimas, y una dulzura en el paladar como de miel.

Gozaban todos los sentidos santamente. Como en la bruma de un ensueño, vieron un templo de cristal, y un altar en medio, del cual brotaba una agua blanca como la leche, y alrededor hombres de aspecto santísimo que cantaban un canto celestial con admirable melodía. El templo, en su parte del mediodía, parecía de piedras preciosas; en su parte austral era color de sangre; en la del occidente, blanco como la nieve. Arriba estrellas, más radiantes que las que vemos en el cielo: —Sol, árboles, frutas y flores y pájaros mejores que los nuestros; y este precioso detalle: «la terra medesima e dall' uno lato bianca come neve e dall' altro rosa». No concluyen aquí las maravillas encontradas por estos divinos Marco Polos. Después de verse frente a frente con una tribu extrañísima —a la cual ponen en fuga de muy curiosa manera, gritando—, Dios calma sus hambres y sedes con hierbas que brotan de la tierra como cayó el maná bíblico del cielo.

Todo cubierto de cabellos blancos, «come l' uccello delle penne», aparece ante ellos el ermitaño san Macario. Si la blancura de sus cabellos ha sido comparada con la de la nieve, no obsta para compararla con la de la leche. El retrato del solitario: «Su faz parecía faz de ángel; y por la mucha vejez casi no se veían los ojos. Las uñas de los pies y de las manos cubrían todo el cuerpo; su voz era tan sutil y poca que apenas se oía, la piel del rostro casi como una piel seca».

Así Léon Bloy dibujaría una de sus viñetas arcaicas, a imitación de los viejos maestros alemanes. Macario conversa con los peregrinos, después de reconocer en ellos a hijos y ministros de Dios, y les aconseja no proseguir en su intento de llegar al Paraíso.

El mismo ha querido hacer el viaje: lo ha hecho: ¡está tan cerca aquel lugar de delicias donde vivieron Adán y Eva! veinte millas, no más. Pero allá está el querubín con una espada de fuego en la mano, para guardar el árbol de la vida: sus pies parecen de hombre, su pecho de león, sus manos de cristal. Macario recomienda sus huéspedes a sus dos leones: «Hijitos míos, esos hermanos vienen del siglo a nosotros: cuidado con hacerles ningún mal». Cenaron raíces y agua; durmieron. Al siguiente día ruegan a Macario que les narre su vida. Nuevos y mayores prodigios.

Macario, nacido en Roma, cuenta cómo dejó el lecho de sus nupcias, la propia noche de bodas, para consagrarse al servicio de Cristo.

Guías sobrenaturales, milagrosos senderos, hallazgos portentosos; todo eso hay en la vida del anciano. También él, perdido en el monte, tuvo por compañero a un onagro maravilloso, después de ser conducido por el arcángel Rafael; muéstrale el sendero que debe seguir luego un ciervo desmesurado; frente a frente con un dragón, el dragón le llama por su nombre y le conduce a su vez, mas ya transformado en un bellísimo joven. Halló una gruta y en ella dos leones, que desde entonces fueron sus compañeros. Esos dos leones escoltaron como pajes, un buen trecho, a los peregrinos, cuando se despidieron del santo eremita.

Al tratar de los demonios y sus costumbres, en las *Vidas*, fra Domenico es copioso en detalles. Deben haber consultado sus obras los Bodin, Gorres, Sinistrari, Lannes, Sprenger, Remigius, del Río, para escribir sus tratados demonológicos. En la vida de san Antonio Abad toma el Bajísimo formas diversas: ya es una mujer bellísima y provocativa; o un mozo horrible; o surge el diablo en forma de serpiente; y fieras, leones fantásticos, toros, lobos, basiliscos, escorpiones, leopardos y osos, que amenazan al solitario en una algarabía infernal. Después en otro capítulo, explícase cómo los demonios pueden venir en forma de ángeles luminosos, y parecer espíritus buenos. San Antonio cuenta de cuantas maneras se le aparecieron: en forma de caballeros armados, o de fieras o monstruos; de un gigante y de un santo monje. San Hilarión les oye llorar como niños, mugir como bueyes, gemir como mujeres, rugir como leones. San Abraham mira a Lucifer en su celda en medio de una maravillosa luz, o en forma de hombre furioso, de niño, de una agresiva multitud. A san Macario le tienta en figura de preciosa doncella, ricamente vestida. A san Patricio le arroja a un fuego demoníaco, del cual se libra por la oración. Pero casi siempre es en forma de mujer, o por medio de la mujer que Satán incita, pues según dice con justicia Bodin: «Satan par le moyen des femmes, attire les hommes a sa cordelle». Y es probado.

Lo que se presenta con especial y primitiva gracia en las *Vite* son las adorables figuras de las santas. Semejan imágenes de altar bizantino, de vidrieras medioevales; la virgen Eufrasia; Eugenia, mártir; Eufrosina que vivió en un monasterio con hábito masculino, como murió Palagia; María Egipcíaca, dulce pecadora que va a Dios y resplandece como una estrella en el cielo de la santidad; Reparada, que cambia en agua fría el plomo derretido y entra al horno ardiente y sale intacta.

Al acabar de leer la obra de fra Domenico Cavalca siéntese la impresión de una blanda brisa llena de aromas paradisíacos y refrescantes. Hay algo de infantil que deleita y pone en los labios a veces una suave sonrisa.

Todas las literaturas europeas tienen esta clase de escritores —hagiógrafos o poetas—, por desgracia hoy demasiado olvidados e ignorados. — Raro es un Rémy de Gourmont que resucite y ponga en maravilloso marco las bellezas del latín místico de la Edad Media, por ejemplo. No son muchos —no digo entre nosotros; eso es claro— los que conocen joyeles como las *Secuencias* de santa Hildegarda, y otros tesoros de poesía mística antigua. Alemania posee el *Barlaam* y *Josaphat*, el cántico de san Hannon, etc. Tieck intentó que la poesía alemana de su tiempo se abrevase en las límpidas aguas de Wackenroder y otros autores de su tiempo. Fue un precursor de Dante Gabriel Rossetti, del prerrafaelismo; y sufrió por sus intentos más de una picadura de las abejas de Heine.

Eduardo Dubus

Los violines también se callan, los violines que tocaban tan vigorosamente para la danza, para la danza de las pasiones; los violines se callan también. Estas palabras de la *Angélica* de Heine, escucháis al entrar al parque solitario en donde la fiesta tuvo sus luces y sus cantos.

Eduardo Dubus es un raro poeta, poeta que enguirnalda con rosas marchitas el simulacro de la Melancolía.

Vamos allá al recinto abandonado... ya pasó la hora de la partida; ya las barcas van lejos; ya las marquesas, los caballeros galantes, los abates rosados van lejos. Callaron los violines y partieron, con su dulce alma armoniosa... Los violines, silenciosos, van ya lejos...

En mes rêves, ou regne une Magicienne,
Cent violons mignons, d'une grâce ancienne,
Vêtus de bleu, de rose, et de noir plus souvent
Viennent jouer parfois, on dirait pour le vent,
Des musiques de la couleur de leur coutume,
Mais on pleurent de folles notes d'amertume,
Que la Fée, une fleur au lèvres, sans émoi,
Ecoute longuement se prolonger en moi,
Et dont je garde souvenir, pour lui complaire,
Et maint joyau voilé d'ombre crépusculaire,
Qu'orfèvre symbolique et pieuse sortis
A sa gloire,
Quand les violons sont parlis.

Si vuestra alma pone el oído atento, en las fiestas de ensueños del poeta, oiréis los maravillosos sones de los violines: los azules cantan la melodía de las dichas soñadas, los alcázares de ilusión, las babilonias de pálido oro que vemos a través de las brumas de los vagos anhelos; los rosados dicen las albas de las adolescencias, la luz adorable del orto del amor, la primera sutil y encantada iniciación del beso, las palomas, las liras; los negros, ¡oh los negros! son los reveladores de las tristezas, los que plañen los desengaños, los que sollozan líricos de profundis, los que riman la historia de los adioses, en una enternecedora lengua crepuscular. Todos ellos mezclan a sus sones divinos la nota melancólica; todos a su «gracia antigua», agregan como una visión de desesperanza: así escucha el Hada, una flor en los labios...

La aparición de Ella, es semejante a una de las deliciosas visiones de Gachons, ese discípulo prestigioso de Grasset, rosa suave, violeta suave, un poniente melancólico; la Mujer surge intangible; no es la Mujer, es la Apariencia; sus ojos son adoradores de los sueños, enemigos de las fuertes y furiosas luces; aman las neblinas fantásticas; buscan las lejanías en donde crece el sublime lirio de lo Imposible. Luego la contemplamos en un jardín hesperidino:

>Parmi les fleurs pâles, aux senteurs ingénues,
>Qui n'ont jamais vibré sous les soleils torrides,
>Elle va le regard éperdu vers les nues.
>
>Son âme, une eau limpide et calme de fontaine:
>Sous le grand nonchaloir des ramures funèbres,
>Reflète indolement la rêverie hautaine
>Des lis épanouis dans les demi ténébres.
>
>Une angélique Main, qui lui montre la Voie,
>Seule dans sa pensée eut la gloire d'écrire,
>Et le ciel, d'une paix divine luí renvoie
>L'écho perpétuel de son chaste sourire...

Es una misteriosa y pura figura de primitivo: su paso es casi un imperceptible vuelo; su delicadeza virginal tiene el resplandor albísimo de una celeste nieve... etc.

Y así podría seguir, violineando poema en prosa, para encanto de los snobs de nuestra América ¡que también los tenemos! si no debiese presentar como se lo merece, en la serie de los Raros, a este poeta Dubus, que es ciertamente admirable, y en el mismo París, como no sea en ciertos cenáculos literarios, muy escasamente conocido.

Léon Deschamps compara la cara de Dubus a «la máscara de Baudelaire joven», lo cual quiere decir que era de un hermoso tipo, si recordáis la impresión de Gautier; era joven y vigoroso, «un grand enfant reveur, pervers pas mal et fantasque joliment». Del retratito pintado con humor y cariño por su amigo el jefe de *La Plume*, se ve que había en el lírico envainado un fantasista, y en el soñador un terrible, que quería a toda costa espantar a los burgueses. No hay que olvidar que los peores enemigos de las «gentes», se han hallado siempre entre los hombres jóvenes y cabelludos que besan mejor que nadie las mejillas, muerden las uvas a plenos dientes y acarician a las musas, como a celestiales amadas y ardientes queridas. Era así Dubus.

No se adivinaría tras su faz, al melancólico que deslíe los pálidos colores de sus ensueños, en los versos exquisitos que rimaba, cuando los violines habían ya partido...

Quería tener fama en *Francisco I*, en el *Vachette*, en todo el barrio de ser morfinómano y no había visto nunca, dicen sus íntimos, una Pravaz; de ser pornógrafo y era casto, tan casto en sus versos, como un lirio de poesía; de mal «sujeto», y era un excelente muchacho. Su Maga le protegía; su Maga le enseñaba la más dulce magia; su Maga le enseñaba los melodiosos versos, las músicas de sus enigmáticos violines...

Henri Degrou —otro perfecto desconocido— nos ha contado de él cómo apenas tenía diez años de vida artística; que comenzó en el «Scapin» de Vallette con Denise, Samain, Dumur, Stuart Merrill, que luego juntando dos cosas horriblemente antagónicas, poesía y política, fue conferencista revolucionario en la sala Jussieu; y se batió en duelo; periodista clamoroso y aullante en el *Cri du Peuple*, en la *Jeune Republique* y en la escandalosa *Cocarde* de boulangística memoria; poeta en el «Chat Noir», con Tinchant y Cross, y compañero constante de la parvada mantenedora de las «revistas jóvenes», entre las cuales brotaron dos que hoy son lujo intelectual del alma nueva de Francia, y a las que no nombro por ser muy conocidas de los «nuevos».

Hízose luego Dubus pontífice o cosa así de una de esas religiones de moda más o menos indias o egipcias; budista, cabalista, o lo que fuese, lo que buscaba su espíritu era huir de la banalidad ambiente, hallar algo en que refugiarse, sediento de ensueños y de fábulas, enemigo del bulevar, de

Coquelin y de la *Revue de Deux Mondes*, uno de tantos «des Esseintes», en fin.

Cuando la publicación de su libro-bijou, *Quand les violons sont partis* — libro especial, defendido de los hipopótamos callejeros porque era de subscripción y no se vendía en las librerías—, los pocos, los que le comprendieron, le saludaron como a uno de los más ricos y brillantes poetas de la nueva generación.

Ni desconyuntó el verso francés; ¡y era revolucionario y simbolista! ni mimó a Mallarmé; ¡y era decadente...! ni ostentó la escuadra de plata y la cuchara de oro de los impecables albañiles del Parnaso; ¡y era parnasiano! Lo único que le denunciaba su filiación era un cierto perfume de Baudelaire; pero un Baudelaire tan sereno y melancólico...

Al comenzar vimos cómo era el alma del poeta, es decir, la mujer, la inspiración. Simboliza Dubus en ella a la reina de un soñado país que se desvanece, de un reino hechizado que se borra, que se esfuma:

> Elle pairait ainsi bien Reine pour ces temps
> Enveloppés de leur linceul de décadence,
> Ou tante joie est travestie de Mort qui danse,
> Et l'Amour en vieillard, dont les doigts mécontents,
> Brodent, sans foi, sur une trame de mensonge
> Des griffons prisonniers dans des palais de songe.

En ella, como en un altar, se verifican todos los sacrificios, se queman todos los inciensos. Se miran, como a través de una gasa diamantina, o más bien, de clara luz lunar, los jardines de su vida, su primavera, en un estrecimiento de oro; o es ya su perfil, el perfil de una emperatriz bizantina —algo como la Ana Commeno que pinta Paul Adam— sus deseos y sus ensueños, bajeles-cisnes que parten a desconocidos países de amor, en busca de nuevos ardores, de nuevos fuegos: y mirad la transformación: cómo la mujer intangible marchita ahora con solo su aliento las corolas frescas; cómo estremece de asombrado espanto los blancores liliales con solo la visión de sus crueles e imperiales labios de púrpura, la roja violadora de lises.

La segunda parte del libro está precedida de un son de siringa de Verlaine;

> Coeurs tendres, mais affranchis du serment.

En toda obra de poeta joven actual se ve necesariamente pasar la sombra del Capripede.
Es el que ha enseñado el secreto de las vagas melodías sugestivas, de aquellas palabras

> si specieux, tout bas,

que hacen que nuestro corazón «tiemble y se extrañe...» primero con la proclamación del imperio musical —de la «musique avant toute chose»— y las maravillas del matiz, en una poética encantadora y sabia; después con la sapientísima gracia de una sencillez más difícil que todas las manifestaciones que parecieron al principio tan abstrusas.
Dubus canta su romanza teniendo la visión de aquel parque verleniano en que iban las bellas, prendidas del brazo de los jóvenes amantes, soñadoras; y en donde los tacones luchaban con las faldas...

> J'aimerais bien vous égarer un soir
> Au fond du parc desert, dans une allée
> Impénétrable a la nuil etoilée:
> J'aimerais bien vous égarer un soir.
>
> Je ne verrais que vos longs yeux féeriques
> Et nous vivons levres closes, revant
> A la chanson languisante du vent;
> Je ne verrais que vos longs yeux féeriques.

Luego las pequeñas cosas divinas del amor, en medio de los perfumes del gran bosque misterioso, las dos almas olvidadas de la tierra; vuelos de mariposa, sombras propicias...

> Quelle serait la fin de l'aventure?

Un madrigal accueilli d'airs moqueurs?
Nous fûmes tant les dupes de nos coeurs?
Quelle serai la fin de l'aventure?

Abates de corte, marquesas, ecos de las *Fiestas galantes*. Como en éstas, la expresión de un indecible «régret», y el refugio de la desolación en el ensueño.

En ritmos de Malasia continúan las lentas y vagorosas prosas de las ilusiones fugitivas, de las «reveries» crepusculares, de las laxitudes que dejan los apasionados besos idos; se oyen en el «pantum» como las quejas de un viejo clavicordio, que hubiese sido testigo de las horas de pasión, en la primavera en que florecieron las ilusiones, y que hoy rememora ¡tan tristemente! las albas amorosas que pasaron. ¿Hay algo más melancólico que el rostro de viuda de esa musa entristecida que tiene por nombre Antes?

En «Les Jeux fermés» las reminiscencias de Verlaine aparecen más claras que en ninguna. Si me favoreciese la memoria, recordaría el pasaje original del maestro. Pero los pocos lectores para quienes escribo estas líneas, podrán hacer la confrontación:

...
Toute blanche, comme une aubépine fleurie,
Voici la Belle-au-bois-dormant: on la marie,
Ce soir, au bien-aimé qu'elle atendit cent ans.

Cendrillon passe au bras de l'Adroite-Princesse ...
Et les songes épars des contes, vont sans cesse
Souriant aux petits enfants jusqu'au reveil
...

La parte siguiente la preside Mallarmé; un Mallarmé que viene desde las lejanías del Eclesiastés:

¡La chair est triste hélas! et j'ai lu touts les livres!

¿Los violines, los dos violines de la cuadrilla, lloran, o ríen? Es el fin del baile. La respuesta quizá la encontraríamos en «La Nuit perdue», bajo los tilos radiosos de girándulas, en donde la orquesta da al aire alegres y frívolos motivos.

Aquel mismo parque lleno de adorables visiones, y de ruidos de músicas suaves y de besos, es el lugar de la nueva escena. Al claro de la Luna se inicia un amorío deleitoso y loco. Pero el éxtasis es rápido. No quedará muy en breve sino la lánguida atonía del recuerdo.

«La Mensonge d'Autunne» está escrita con la manera suntuosa y hermética de Mallarmé: apenas entrevistas apariencias, enigmáticas evocaciones, músicas sutiles y penetrantes, despertadoras de sensaciones que un momento antes ignoraba uno dentro de sí mismo.

Aurora. Ha pasado la noche de la fiesta. «El oro rosado de la aurora incendia los "vitraux" del palacio en donde se danza una lenta pavana desfalleciente, a los perfumes enervantes del aire puro.»

Un detalle:

L'éclat falot de la bougie agonise
A l'infini, dans les glaces de Venise.

¿Habéis visto un final de fiesta, cuando el alba empieza y la luz del Sol va inundado el salón iluminado por las arañas y los candelabros? Los rostros cansados, las ojeras, las fatigas del cuerpo y una vaga fatiga del alma.

...
La musique a des sons bien étranges;
On dirait un remords qui pérore.

Mourants ou morts dejà les sourires mièvres,
Les madrigaux sont morts sur tous les lèvres.

...
Dans la salle de bal nue et vide
Reste seul un bouquet qui se fane,
Pour mourir du même jour livide

> Que l' espoir des danseurs de pavane.
>
> L'éclat falot de la bougie agonise
> A l'infini, dans les glaces de Venise...

Después una canción jovial cuyo final nos llevará al ineludible páramo de los desengaños; una «feerie» —para Rachilde— que sería maravillosamente a propósito para ser interpretada por Odilon Redon.

Y en los «bailes», son las alegres danzantes, las amadas, las adoradas —iah, crueles gatas nietzschianas!— las alegres danzantes que danzan al son de los violines y de las flautas.

Entre aromas y sonrisas y músicas, helas allí del brazo de los caballeros, de los pobres enamorados caballeros.

—Bellas nuestras, ¿queréis colocar en el lugar de las rosas, sobre vuestro corazón los corazones nuestros? ¡Ah! ellas dicen que sí, toman los corazones, se los prenden al corpiño, y ríen. Los pobres caballeros partirán y han de ver cómo las bellas danzan en la sala del baile, y cómo se desprenden los corazones de los corpiños, y cómo ellas siguen danzando,

> ... elleurs petits souliers
> Glissent éclaboussés de gouttes purpurines.

Otra noche de fiesta. Los pájaros azules han volado desde el amanecer del día, pero vuelven como heridos, con un incierto vuelo. Las rosas del camino están más pálidas y son más raras que nunca. Las flores están desoladas bajo un cielo ahogador. Casi concluye esta parte con una sensación de pesadilla.

Ciertamente, el poeta sabía ya cómo la carne es triste; y había leído todos los libros...

En la otra parte, cuyo epígrafe es este verso de Gerard de Nerval:

> Crains dans le mur un regard qui t'epie,

es una sucesión de cuadros fastuosos, en donde predomina siempre la bruma de una tristeza irremediable. Es el reino del desencanto.

Así en un soneto invernal, como en el «pantun» del Fuego, dedicado a Saint Pol Roux El Magnífico; como en el palacio monumental que alza en una Babilonia de ensueño; como en la canción «para la que llegó demasiado tarde»; como en Epaves, donde los galeones cargados de esperanzas se hunden en un océano de olvido, antes de llegar a la España soñada; como en el jardín muerto, un jardín a lo Poe, en donde reina la Desolación.

La parte siguiente presídenla dos corifeos de la Decadencia (¡habrá que llamarla así!): Villiers de L'Isle-Adam y Charles Morice.

El Eterno Femenino alza al cielo un cáliz enguirnaldado de locas flores de voluptuosidad:

> La haute coupe, d'un metal diamanté
> Où se profilent de lascives silhouettes,
> A l'attirance d'un miroir aux alouettes,
> Et nos divins désirs, qu'elle eblouit un jour,
> Viennent, l'aile ivre, éperdument voler autour
> Criant la grande soif qui nous brûle la bouche,
> Jusqu'a l'heure de la communion farouche
> Où chacun boit dans le metal diamanté
> La Science: qu'il n'est au monde volupté
> Hormis les fleurs dont s'enguirnalde le calice,
> Pour que s'immortalice un merveilleux supplice.

Las letanías que siguen tienen su clarísimo origen en Baudelaire; pero tanto Dubus, como Hannon, como todos los que han querido renovar las admirables de Satán, no han alcanzado la señalada altura. No se puede decir lo mismo respecto a la «Sangre de las rosas», en donde el autor se revela exquisito artista del verso y poeta encantador.

Después oímos el canto que rememora el naufragio de los que, atraídos por las fascinantes sirenas, hallaron la muerte bajo la tempestad, «cerca de los archipiélagos cuyos bosques exhalan vagas sinfonías y perfumes cargados de languideces infinitas».

C'était le chant suave et mortel des sirenes,
Qui avançaient, avec d' ineffables lenteurs,
Les bras en lyre et les regards fascinateurs,
Dans les râles du vent diviniment sereines.

Algo soberbio es «El ídolo», poema fabricado lapidariamente, cuyo símbolo supremo irradia una majestad solemne y grandiosa.
Seguidamente viene la última parte, en la cual vuelve a oírse el paso del Pie de chivo, y su flauta de carrizos:

¿Te souvient-il de notre extase ancienne?

Llama a la Resignación, con una cordura completamente verleniana; don Juan se queja en dísticos. Es ya un piano viejo y roto, demasiado usado. Ha cantado muchos amores y muchas delicias. Las mujeres han aporreado sus teclas con aires infames, y «traderiderá y laitou»,

¡Tant et tout! que les tremolos
Eussent la gaîté des sanglots.

En el parque antiguo yace la estatua de Eros, caída; las canciones ha tiempo que se han callado: el solitario desterrado halla apenas un refugio: el orgullo de los recuerdos: «Superbia». Al finalizar hay un clamor de resurrección.

Pour devenir enfin celui que tu recèles,
Et qui pourrait périr avant davoir été
Sous le poids d'une trap charnelle humanité,
¡O mon âme! il est temps enfin d'avoir des ailes.

Concluye el libro con un inmemoriam a la adorada que un tiempo sacrificó el corazón del pobre poeta; a la adorada reina, amante de la sangre del sacrificio, cruel como todas las adoradas —Herodias.

Los violines se han callado, los violines han partido. Y el poeta ha partido también, camino del cielo de los pobres poetas, camino de su hospital.

Los violines negros deben haber iniciado un misterioso *De profundis*, los violines negros que le acompañaron en sus desesperanzas y en sus dolores, cuando la vida le fue dura, la gloria huraña y la mujer engañosa y felina.

Teodoro Hannon

M. Théodore Hannon, un poéte de talent, sombré, sans excuse de misère, a Bruxelles, dans la cloaque des revues de fin d'annee et les nauséeuses rataloulilies de la basse presse.
J. K. Huyssmans

¿Arthur Symons?... no estoy seguro; pero es en libro de escritor inglés donde he visto primeramente la observación de que la mayor parte de los poetas y escritores «fin de siglo» de París, decadentes, simbolistas, etc., han sido extranjeros y, sobre todo, belgas.

Escribo hoy sobre Théodore Hannon, quien si no tiene el renombre de otros como Maeterlink, es porque se ha quedado en Bruselas, de revistero de fin de año y periodista, cosa que a Des Esseintes provoca náuseas.

¡Raro poeta, este Théodore Hannon! Apareció entre la pacotilla pornográfica que hizo ganar al editor Kistemacker, propagador de todas las cantáridas e hipomanes de la literatura. Fueron los tiempos de las nuevas ediciones de antiguos libros obscenos; de la reimpresión del «En 18...» de los Goncourt, con las partes que la censura francesa había cercenado. Paul Bonnetain daba a luz su *Charlot s'amuse*, Flor O'squarr su *Cristiana*, que le valdría unos cuantos golpes del knut de Léon Bloy, Poctevin, Nizet, Caze... la falange escandalosa se llamaba en verdad legión. Entonces surgió Hannon con su *Manneken-pis*, anunciado como «curiosísimo y originalísimo volumen». Amédée Lynen le había ilustrado con dibujos «ingenuos». No siendo suficiente esa campanada, dio a luz el *Mirliton*. El diablo de las ediciones, Kistemacker, no podía estar más satisfecho rabudo y en cuclillas, sobre las carátulas. *Las rimas de gozo* nos muestran ya un Théodore Hannon, si no menos tentado por el demonio de todas las concupiscencias, suavizado por los ungüentos y perfumes de una poesía exquisita. Depravada, enferma, sabática si queréis, pero exquisita.

He ahí primero ese condenado suicidio del herrero, que dio tema a Félicien Rops para abracadabrante aguafuerte, que no aconsejo ver a ninguna persona nerviosa propensa a las pesadillas macabras. Esos versos del ahorcado, parécenme la más amarga y corrosiva sátira que se ha podido escribir contra la literatura afrodisíaca. No tendría Théodore Hannon esas intenciones; pero es el caso que le resultaron así.

Discípulo de Baudelaire «su alma flota sobre los perfumes», como la del maestro. Busca las sensaciones extrañas, los países raros, las mujeres raras, los nombres exóticos y expresivos. Me imagino el enfermizo gozo de Des Esseintes al leer las estrofas al Opoponax: «Opoponax! nom très bizarre —et parfum plus bizarre encore!». Tráele el perfume de apelación exótica, visiones galantes, tentadores cuadros, maravillosos conciertos orgiásticos; la nota de ese aroma poderoso sobrepasa a las de los demás, en un efluvio victorioso.

Gusta del opoponax porque viene de lejanas regiones, donde la naturaleza parece artificial a nuestras miradas; cielos de laca, flores de porcelana, pájaros desconocidos, mariposas como pintadas por un pintor caprichoso: el reinado de lo postizo. El poeta de lo artificial se deleita con los vuelos de las cigüeñas de los paisajes chinos, los arrozales, los boscajes ocultos y misteriosos impregnados de vagos almizcles. Estrofas inauditas como esta:

> La chinoise aux fueurs des bronzes
> En allume ses ongles d'or
> Et sa gorge çitrine où dort
> Le désir insensè des bonzes.
> La japonaise en ses rançons
> Se sert de tes acres salives.

Luego se dirigirá a Marión, la adorada que adora el opoponax. (El amor en la obra de Hannon no existe sino a condición de ser epidérmico.) Para adular a la mujer de su elección le canta, le arrulla, lo diré con la palabra que mejor lo expresa, le maúlla letanías de sensualidad, collares de epítetos acariciadores, comparaciones pimentadas, frases mordientes y melifluas... Es el gato de Baudelaire, en una noche de celo, sobre el tejado de la Decadencia. El opoponax es su tintura de valeriana.

Como paisajista es sorprendente. Nada de Corot; para hallar su procedimiento es preciso buscarlo entre los últimos impresionistas. Tal pinta una tarde oscura de tempestad y nubarrones; mar brava, negros oleajes, vuelo de pájaros marinos; o un florecimiento de nieve, los acuosos vidrios del hielo, la blancura de las nevadas; sinfonías en blanco, inmensos y húmedos armiños. Pero de todo brota siempre el relente de la tentación, el soplo del tercer enemigo del hombre, más formidable que todos juntos: la carne.

Solamente en Swinburne puede hallarse, entre los poderosos, esta poética y terrible obsesión. Mas en el inglés reina la antigua y clásica furia amorosa, el Líbido formidable que azotaba con tirsos de rosas y ortigas a la melodiosa y candente Safo. Théodore Hannon es un perverso, elegante y refinado; en sus poemas tiembla la «histeria mental» de la ciencia, y la «delectación morosa» de los teólogos. Es un satánico, un poseído. Mas el Satán que le tienta, no creáis que es el chivo impuro y sucio, de horrible recuerdo, o el dragón encendido y aterrorizador, ni siquiera el Arcángel maldito, o la Serpentina de la Biblia, o el diablo que llegó a la gruta del santo Antonio, o el de Hugo, de grandes alas de murciélago, o el labrado por Antokolsky, sobre un picacho, en la sombra. El diablo que ha poseído a Hannon es el que ha pintado Rops, diablo de frac y «monocle», moderno, civilizado, refinado, morfinómano, sadista, maldito, más diablo que nunca.

Si Gorres escribiese hoy su *Mística diabólica*, no pintaría al Enemigo, «alto, negro, con voz inarticulada, cascada, pero sonora y terrible... cabellos erizados, barba de chivo...» antes bien: buen mozo, elegante, perfumado con aromas exóticos, piel de seda y rosa, bebedor de ajenjo, sportman, y, si literato, poeta decadente. Este es el de Théodore Hannon, el que le hace rimar preciosidades infernales y cultivar sus flores de fiebre, esas flores luciferinas que tienen el atractivo de un aroma divino que diera la eterna muerte.

Hannon pagó tributo a la chinofilia y tejió sedosos encajes rimados en alabanza del Imperio Celeste y del Japón... Allá le llevó el amor acre y nuevo de la mujer amarilla y el opio sublime y poderoso, según la expresión de Quincey. También, como al autor de las *Flores del mal*, le persigue el spleen. Luego, lanza en esas horas cansadas y plúmbeas, su desdén al amor ideal. Rompe los moldes en que su poesía pudiese formar este o aquel verso de oro en honor de la pasión espiritual y pura; fleta un barco para Cíteres, y arroja al paso ramos de rosas a las mujeres de Lesbos. La vendedora de amor será glorificada por él y corre hacia el abismo de las delicias en una especie de fatal e ineludible demencia. Va como si le hubiese aguijoneado los riñones una abeja del jardín de Petronio.

Héle allí bajando a la bodega de los abuelos, a buscar el buen vino viejo que le pondrá Sol y sangre en las venas; o en el tren expreso que va a llevarle a saborear los labios deseados; o admirando en una íntima noche de diciembre, la estatua viviente de las voluptuosidades felinas. De pronto un efecto de Luna en un mar de duelo, en un fondo negro de tinieblas. El «odor di femmina» se encuentra en una serie de versos, como esos perfumes concentrados en los «sâchets». De las damas. A veces creyérase en una vuelta a la naturaleza, a las frescas primaveras, pues brilla sobre la armonía de una estrofa, la sonrisa de mayo. Es una nueva forma de la tentación, y si oís el canto de un mirlo será una invitación picaresca. Como su maestro de una malabaresa, Hannon se prenda de una funámbula para la cual decora un interior a su capricho, y a la que ofrece la sonata más amorosamente extravagante del arpa loca de sus nervios. Todo, para este sensual, es color, sonido, perfume; línea, materia. Baudelaire hubiera sonreído al leer este terceto:

> Le sandrigham, l'Yiang-Yiang, la violette
> De ma pále Beuté font une cassolette
> Vivante sur láquelle errent mes sens rodeurs.

Si hay celos son celos del mar, que envuelve en un beso inmenso el cuerpo amado. He visto cuadros, muchos, que representan sugerentes escenas de baños de mar; pero ningún pintor ha llegado, a mi juicio, a donde este maldito belga que hasta en el agua inmensa y azul vierte filtros amatorios, como un brujo. En ocasiones es banal, emplea símiles prosaicos, como ferroviarios y geográficos. Pero cuando canta las medias, esas cosas prosaicas, os juro que no hay nada más original que esa poesía audaz y fugitiva; sobre una alfombra de seda e hilos de Escocia, danza la musa Serpentina uno de sus pasos más prodigiosos. Cuando llega mayo, madrigaliza el poeta tristemente. No es raro: «Omnia animal post...» etc.

A Louise Abbema dedica una linda copia rítmica de su cuadro «Lilas blancas»; ¡suave descanso! Pero es para, enseguida, abortar una estúpida y vulgar blasfemia. ¿Hannon ha querido imitar ciertos versos de Baudelaire? Baudelaire era profunda y dolorosamente católico, y si escribió algunas de sus poesías «pour épater les bourgeois», no osó nunca a Dios. Pasa Théodore

Hannon con sus bebedoras de fósforo: esas son las musas y las mujeres que le llevan la alegría de sus rimas; dedica ciertos limones a Cheret, y el pintor de los joviales «affiches» gustará de esas limonadas; quema lo que él llama «incienso femenino», en una copa de Venus con carbones del Infierno; pinta mares de espumosas ondas lesbianas y celebra a su amada de figura andrógina; es bohemio y errabundo, soñador y noctámbulo; prefiere las flores artificiales a las flores de la primavera; labra joyas, verdaderas joyas poéticas, para modistas y perdularias; dice sus desengaños prematuros; nos describe a Jane, una diablesa; nos lleva a un taller de pintor en donde un pobre viejo modelo sufre su martirio; los *Sonetos sinceros* son tres canciones del amor moderno, llenas de rosas y de besos, y sus iconos bizantinos son obras maestras de «degeneración». Tomando por modelo las letanías infernales de Baudelaire, escribe las del Ajenjo, que a decir verdad, le resultaron más que medianas. Su histerismo estalla al cantar la Histeria; su *Mer enrhumée* es una extravagancia. Canta a unos ojos negros y diabólicos que le queman el alma; canta el pecado. Nos presenta un cuadro de «toilette» que es adorable de arte y abominable de vicio; en sus versos se sienten todos los perfumes, y se miran todos los afeites y menjurjes de un tocador femenino, desde el coldcream diáfano, la leche de Iris, la Crema Ninon, el blanco Emperatriz, el polvo divino, el polvo vegetal, hasta la azurina, el carmín, Ixor, new-mownhay, frangipane, steplanotis... ¡qué sé yo! todo en los más cristalinos, diamantinos, tallados, cincelados, admirables frascos.

¡Raro poeta este Théodore Hannon!

El «conde de Lautréamont»

Su nombre verdadero se ignora. El conde de Lautréamont es seudónimo. Él se dice montevideano; pero ¿quién sabe nada de la verdad de esa vida sombría, pesadilla tal vez de algún triste ángel a quien martiriza en el empíreo en recuerdo del celeste Lucifer? Vivió desventurado y murió loco. Escribió un libro que sería único si no existiesen las prosas de Rimbaud; un libro diabólico y extraño, burlón y aullante, cruel y penoso; un libro en que se oyen a un tiempo mismo los gemidos del Dolor y los siniestros cascabeles de la Locura.

Léon Bloy fue el verdadero descubridor del conde de Lautréamont. El furioso san Juan de Dios hizo ver como llenas de luz las llagas del alma del Job blasfemo. Mas hoy mismo, en Francia y Bélgica, fuera de un reducidísimo grupo de iniciados, nadie conoce ese poema que se llama *Cantos de Maldoror*, en el cual está vaciada la pavorosa angustia del infeliz y sublime montevideano; cuya obra me tocó hacer conocer a América en Montevideo. No aconsejaré yo a la juventud que se abreve en esas negras aguas, por más que en ellas se refleje la maravilla de las constelaciones. No sería prudente a los espíritus jóvenes conversar mucho con ese hombre espectral, siquiera fuese por bizarría literaria, o gusto de manjar nuevo. Hay un juicioso consejo de la Cábala: «No hay que jugar al espectro, porque se llega a serlo»; y si existe autor peligroso a este respecto, es el conde de Lautréamont. ¿Qué infernal cancerbero rabioso mordió a esa alma, allá en la región del misterio, antes de que viniese a encarnarse en este mundo? Los clamores del teófobo ponen espanto en quien los escucha. Si yo llevase a mi musa cerca del lugar en donde el loco está enjaulado vociferando al viento, le taparía los oídos.

Como a Job, le quebrantan los sueños y le turban las visiones; como Job, puede exclamar: «Mi alma es cortada en mi vida; yo soltaré mi queja sobre mí y hablaré con amargura de mi alma». Pero Job significa «el que llora»; Job lloraba y el pobre Lautréamont no llora. Su libro es un breviario satánico, impregnado de melancolía y de tristeza. «El espíritu maligno —dice Quevedo en su *Introducción a la vida devota*— se deleita en la tristeza y melancolía, por cuanto es triste y melancólico, y lo será eternamente... Más aún; quien ha escrito los *Cantos de Maldoror* puede muy bien haber sido un poseso. Recordaremos que ciertos casos de locura que hoy la ciencia clasifica con nombres técnicos en el catálogo de las enfermedades nerviosas, eran y son vistos por la santa Madre Iglesia como casos de posesión para los cuales se hace preciso el exorcismo. «¡Alma en ruinas!», exclamaría Bloy con palabras húmedas de compasión.

Job: El hombre nacido de mujer, corto de días y harto de desabrimiento...

Lautréamont: «Soy hijo del hombre y de la mujer, según lo que se me ha dicho. Eso me extraña. ¡Creía ser más!».

Con quien tiene puntos de contacto es con Edgar Poe.

Ambos tuvieron la visión de lo extranatural, ambos fueron perseguidos por los terribles espíritus enemigos, «horlas» funestos que arrastran al alcohol, a la locura, o a la muerte; ambos experimentaron la atracción de las matemáticas, que son, con la teología y la poesía, los tres lados por donde puede ascenderse a lo infinito. Mas Poe fue celeste, y Lautréamont, infernal.

Escuchad estos amargos fragmentos: «Soñé que había entrado en el cuerpo de un puerco, que no me era fácil salir, y que enlodaba mis cerdas en los pantanos más fangosos. ¿Era ello como una recompensa? Objeto de mis deseos: ¡no pertenecía más a la Humanidad! Así interpretaba yo, experimentando una más que profunda alegría. Sin embargo, rebuscaba activamente qué acto de virtud había realizado para merecer de parte de la Providencia este insigne favor...

»Mas ¿quién conoce sus necesidades íntimas o la causa de sus goces pestilenciales? La metamorfosis no pareció jamás a mis ojos sino como la alta y magnífica repercusión de una felicidad perfecta que esperaba desde hacía largo tiempo. ¡Por fin, había llegado el día en que yo me convirtiese en un puerco! Ensayaba mis dientes sobre la corteza de los árboles; mi hocico, lo contemplaba con delicia. "No quedaba en mí la menor partícula de divinidad": supe elevar mi alma hasta la excesiva altura de esta voluptuosidad inefable».

Léon Bloy, que en asuntos teológicos tiene la ciencia de un doctor, explica y excusa en parte la tendencia blasfematoria del lúgubre alienado, suponiendo que no fue sino un blasfemo por amor. «Después de todo, este odio rabioso para el Creador, para el Eterno, para el Todopoderoso, tal como se expresa, es demasiado vago en su objeto, pues que no toca nunca los Símbolos», dice.

Oíd la voz macabra del raro visionario. Se refiere a los perros nocturnos en este pequeño poema en prosa, que hace daño a los nervios. Los perros aúllan «sea como un niño que grita de hambre; sea como un gato herido en el vientre, bajo un techo; sea como una mujer que pare; sea como un moribundo atacado de la peste, en el hospital; sea como una joven que canta un aire sublime; contra las estrellas al Norte, contra las estrellas al Este, contra las estrellas al Sur, contra las estrellas al Oeste; contra la Luna; contra las montañas semejantes, a lo lejos, a rocas gigantes, yacentes en la oscuridad; contra el aire frío que ellos aspiran a plenos pulmones, que vuelve lo interior de sus narices rojo y quemante; contra el silencio de la noche; contra las lechuzas, cuyo vuelo oblicuo les roza los labios y las narices, y que llevan un ratón o una rana en el pico, alimento vivo, dulce para la cría; contra las liebres que desaparecen en un parpadear; contra el ladrón que huye, al galope de su caballo, después de haber cometido un crimen; contra las serpientes agitadoras de hierbas, que les ponen temblor en sus pellejos y les hacen chocar los dientes; contra sus propios ladridos, que a ellos mismos dan miedo; contra los sapos, a los que revientan de un solo apretón de mandíbulas (¿para qué se alejaron del charco?); contra los árboles cuyas hojas, muellemente mecidas, son otros tantos misterios que no comprenden, y quieren descubrir con sus ojos fijos inteligentes; contra las arañas suspendidas entre las largas patas, que suben a los árboles para salvarse; contra los cuervos que no han encontrado qué comer durante el día y que vuelven al nido, el ala fatigada; contra las rocas de la ribera; contra los fuegos que fingen mástiles de navíos invisibles; contra el ruido sordo de las olas; contra los grandes peces que nadan mostrando su negro lomo y se hunden en el abismo, y contra el hombre que los esclaviza...

«Un día, con ojos vidriosos, me dijo mi madre: "Cuando estés en tu lecho y oigas los aullidos de los perros en la campaña, ocúltate en tus sábanas, no rías de lo que ellos hacen; ellos tienen una sed insaciable de lo infinito, como yo, como el resto de los humanos, a la *figure pâle et longe...*".» «Yo —sigue él—, como los perros, sufro la necesidad de lo infinito. ¡No puedo, no puedo llenar esa necesidad! Es ello insensato, delirante; "mas hay algo en el fondo que a los reflexivos hace temblar".»

Se trata de un loco, ciertamente. Pero recordad que el «deus» enloquecía a las pitonisas y que la fiebre divina de los profetas producía cosas semejantes;

y que el autor «Vivió» eso, y que no se trata de una «obra literaria», sino del grito, del aullido de un ser sublime martirizado por Satanás.

El cómo se burla de la belleza —como de Psiquis, por odio a Dios— lo veréis en las siguientes comparaciones, tomadas de otros pequeños poemas:

«...El gran duque de Virginia era bello, bello como una memoria sobre la curva que describe un perro que corre tras de su amo...» «El *vautour des agneaux*, bello como la ley de la detención del desarrollo del pecho en los adultos, cuya propensión al crecimiento no está en relación con la cantidad de moléculas que su organismo se asimila...» El escarabajo, «bello como el temblor de las manos en el alcoholismo...».

El adolescente, «bello como la retractilidad de las garras de las aves de rapiña», o aun «como la poca seguridad de los movimientos musculares en las llagas de las partes blandas de la región cervical posterior», o, todavía, «como esa trampa perpetua para ratones, *toujours retendu par l'animal pris, qui peut prendre seul des rongeurs indéfiniment, el fonctioner même caché sous la paille*», o sobre todo, bello «Como el encuentro fortuito, sobre una mesa de disección, de una máquina de coser y un paraguas...»

En verdad, ¡oh espíritus serenos y felices, que eso es de un «humor» hiriente y abominable!

¡Y el final del primer canto! Es un agradable cumplimiento para el lector el que Baudelaire le dedica en las *Flores del mal*, al lado de esa despedida:

...Adieu viellard, et pense a moi, si tu m'as lu. Toi, jeune homme, ne te désespere point; car tu as un ami dans le vampire, malgré ton opinion contraire. En comptant l'acarus sarcopte qui produit la gale, tu auras deux amis...

Él no pensó jamás en la gloria literaria. No escribió sino para sí mismo. Nació con la suprema llama genial, y esa misma le consumió.

El Bajísimo le poseyó, penetrando en su ser por la tristeza. Se dejó caer. Aborreció al hombre y detestó a Dios. En las seis partes de su obra, sembró una flora enferma, leprosa, envenenada. Sus animales son aquellos que hacen pensar en las creaciones del Diablo: el sapo, el búho, la víbora, la araña. La desesperación es el vino que le embriaga. La Prostitución es para él el misterioso símbolo apocalíptico, entrevisto por excepcionales espíritus en su verdadera trascendencia: «Yo he hecho un pacto con la Prostitución, a fin de sembrar el desorden en las familias..., ¡ay!, ¡ay!, grita la bella mujer desnuda: los hombres algún día serán justos. No digo más. Déjame partir, para ir a ocultar en el fondo del mar mi tristeza infinita. No hay sino tú y los monstruos odiosos que bullen en esos negros abismos, que no me desprecien».

Y Bloy: «El signo incontestable del gran poeta es la "inconsciencia" profética, la turbadora facultad de proferir sobre los hombres y el tiempo palabras inauditas cuyo contenido ignora él mismo. Esa es la misteriosa estampilla del Espíritu santo sobre las frentes sagradas o profanas. Por ridículo que pueda ser, hoy, descubrir un gran poeta y descubrirle en una casa de locos, debo declarar en conciencia que estoy cierto de haber realizado el hallazgo».

El poema de Lautréamont se publicó hace diecisiete años en Bélgica. De la vida de su autor nada se sabe. Los «modernos» grandes artistas de la lengua francesa se hablan del libro como de un devocionario simbólico, raro, inencontrable.

Paul Adam
De cuando en cuando, la primera página del *Journal* viene como pesada. Dos, tres, cuatro columnas nutridas, negras, casi de una sola pieza, hacen ya adivinar la firma. Y el lector avisado se prepara, alista bien su cabeza, limpia los cristales del entendimiento, y recibe el regalo con placer y confianza. Es el artículo de Paul Adam. Y es como salir al campo, o a la orilla del mar. Hay, pues, algo más que el aposento perfumado, los senos lujuriosos, los chismes de la condesa, los cancanes de la política, las piernas de las bailarinas y las evoluciones del protocolo. La sensación es de extrañeza al propio tiempo que de satisfacción. Salir de la perpetua casa de cita, del perpetuo bar, de los perpetuos bastidores, del perpetuo salón «coú l'on flirte»; dejar la compañía de lechuguinos canijos y de vírgenes locas de su cuerpo, por la de un hombre fuerte, sano, honesto, franco y noble que os señala con un hermoso gesto un gran espectáculo histórico, un vasto campo moral, un alba estética, es ciertamente consolador y vigorizante. Los politiqueros de la patriotería dan vueltas cada mañana al mismo cantar. Rochefort redobla cotidianamente en su viejo tambor, furioso; Drumont destaza su semita de costumbre; Coppée, inválido lírico metido a sacristán, se pone a la par del ridículo Dérouléde; los escritores de la literatura, explotan sus distintos lenocinios; M. Jean Lorrain cuenta sus historias viciosas de siempre; Mendés, cuya pornografía de color de rosa no está ya de moda, hace la crítica teatral, generalmente plástica; Fouquier, el maestro periodista, da lecciones útiles y generosas; —entre todos, más alto, más joven, más enérgico, más vigoroso, Paul Adam aparece—, al lado de Mirbeau; —llega con su misión, obligatoria y dignificadora, y ara en la prensa, en el campo malsano de esta prensa, con su deber, firme arado.

Yo admiro profundamente a M. Paul Adam. Noble por familia y origen, se ha consagrado a una tarea de solidaridad humana cuyos frutos se vierten para los de abajo. Dueño de una voluntad, propietario de un carácter, fecundo de ideas, pletórico de conocimientos, archimillonario de palabras, ha desdeñado la parada de un Barrés, que le hubiera conducido a una diputación, ha rechazado los flonflones de la literatura: fácil, la «gloriole» de los éxitos azucarados; ha podado su antiguo estilo de ramas superfluas; ha puesto su cuño de pensamientos circulantes en pleno Sol, en plena claridad; se ha ido a vivir fuera de París, para trabajar mejor; y diciendo la verdad, clamando al porvenir, recorriendo lo pasado, estudiando lo presente, sacudiendo la historia, escarbando naciones, da, periódicamente, su ración de bien para quien sepa aprovecharla.

No haya vacilación en creer que éstos son pocos. Para los de abajo la elevación mental, la frase simplificada y amacizada de M. Paul Adam no es fácilmente accesible; para los puros ideólogos, este organizador, este lógico, este filósofo de combate, no inspira completa confianza. Por otra parte, la media intelectualidad halla la selva demasiado tupida, y la pereza es enemiga del hacha, encuentra el mar muy peligroso, y cree más agradable fumar, sentada en una piedra de la orilla, por donde los ensueños pasan y se cogen con la mano.

Hablando recientemente con el poeta Moréas, cuyos olímpicos juicios son conocidos y sonreídos, preguntéle, su opinión sobre su antiguo colaborador y amigo. Con las condiciones que él suele establecer, el amable descontentadizo me concedió: «Mais il est tres fort, tout de même!». Sabido es que M. Paul Adam comenzó en el grupo de los que en un tiempo ya lejano se llamaron simbolistas y decadentes, y que escribió en unión de Moréas *Les demoiselles Goubert* y *Le thé chez Miranda*, con un estilo ultra exquisito, jeroglífico casi y quintaesenciado, obras en que se llevaba al extremo un propósito intelectual, para dejar mejor asentadas las doctrinas entonces flamantes que producirían en lo futuro muchos fracasados, pero algunos nombres que ilustran la prosa y la poesía francesas contemporáneas, y que, recorriendo el mundo, causarían en todos los países y lenguas civilizados, movimientos provechosos. ¿Quién reconocería al pintor extraño de aquellas decoraciones y al tejedor de aquellas sutiles telas de araña, en el musculoso manejador de mazas dialécticas, fundidor de ideas regeneradoras y trabajador triptolémico de ahora?

Amontona en la balanza del pensamiento francés, libro sobre libro, y ya su obra pesa como la carga de cien graneros. Esta transformación la ha operado la voluntad guiadora de la labor; la labor ordenada que lleva su propósito, y la conciencia que hace cumplir con la tarea que se creó una obligación, una obligación para con su propia personalidad, que se difunde en el bien de su patria, la Francia, y por lo tanto en favor de toda la estirpe humana.

Desde *Soi,* hasta sus novelas de alta psicología histórica, una obra enorme atestigua la potencia de ese singular entendimiento. Sus reconstrucciones bizantinas son de un encanto dominador, y junto a lo concreto de la época, brilla el lujo de un tesoro verbal único, de un decir que no admite complementos, total. Batallista, arregla, táctico del estilo, sus escenas y su decoración, con una magistralidad soberbia y matemática. Y, conciso en lo abundoso, rico de perspectivas, de líneas y colores, con dos o tres pincelazos planta su cuadro a la vista, neto, definitivo. En sus estudios del alma de las muchedumbres, como en sus análisis de tipos psíquicos, su fino espíritu ahonda y aclara, en súbitos golpes de luz, los más hondos recodos. Y jamás el soplo nórdico, la cosa germana, o la cosa escandinava, o la cosa rusa, le han perturbado o fascinado en su camino. M. Paul Adam permanece francés, nada más que francés, y lleno del soplo de su época, cumple con su deber actual, pone su contingente en la labor de ahora, y hace lo que puede por ver si no es imposible la regeneración, la consecución de un ideal de grandeza futura, humano, seguro y positivo.

No creáis que porque su amor a la justicia y su pasión de belleza y de verdad le conduzcan a la exaltación de las ocultas fuerzas populares, haya en él ni un solo momento, un adulador de muchedumbres, ni un político de oportunidades, ni un cantor de marsellesas y carmañolas. Moralmente, es un aristócrata, y no confundirá jamás su alma superior, en el mismo rango o en la misma oleada que la de los rebaños pseudosocialistas. El obra en pro de los trabajadores; lleva su utopía por el sendero en que se suele encontrar el casi imposible sueño de la supresión de la miseria y del desaparecimiento de los ejércitos guerreros. Un crítico sutil y penetrante, M. Camille Mauclair, concentra en estas palabras la sociología de M. Paul Adam:

«Para él no hay más que un asunto en los libros y en la vida: la lucha de la fuerza y del espíritu. Él opone la fuerza creadora a la destrucción, la fecundidad activa al nihilismo de la guerra, el internacionalismo al "chauvinismo", los conflictos de clases a los conflictos de naciones, el intelectualismo al militarismo, Lucifer y Prometeo a Júpiter y a Jehová, dioses de la fuerza brutal.»

M. Paul Adam es un intelectual, en el único sentido que debía tener esta palabra. Él pone en el intelecto la fuente del perfeccionamiento, y da a la idea su valor de multiplicación vital, y de repartidora de bienes en la muchedumbre humana.

Si M. Paul Adam, guiado por su voluntad de siempre, quisiese un día ir a la acción política, a la lucha directa, sería un gran conductor de pueblos; pero me temo mucho que tuviese la suerte de un héroe ibseniano. En las muchedumbres no tienen éxito los cerebrales; el sentimentalismo priva en seres casi instintivos. El pueblo oye y entiende con mayor placer y facilidad las tiradas tricolores de un Coppée, que las altas palabras de quien se desinteresa de las bajas aventuras presentes, y desea formar caracteres, hacer vibrar noblemente las conciencias y asentar y rehacer y solidificar la patria.

Una de las fases más simpáticas y sobresalientes de M. Paul Adam, es su faz de periodista. El *Triomphe des mediocres* una obra maestra en su género. Sin la escandalosa escatología pátmica de Léon Bloy, sin las farsas, o compadrerías de un Drumont, o de un Rochefort, ha blandido las más bien templadas ideas, ha herido mucho y bien en esas carnes sociales, ha flagelado costumbres, se ha burlado duramente de los carnavales políticos, de las paradas monarquistas, de la caridad falsa, de la ciencia abotonada y de palmarés; ha denunciado a inicuos, a sinvergüenzas y mercaderes de patriotismo, falsos socialistas, aristocráticas[13] fantochesas, cepilladores de moral y remendones de la virginidad literaria.

¡Y qué hermosa prosa, de un lirismo sofrenado, que va latigueando a un lado y otro, sin desbocarse, sin sobresaltos, sin caídas, que dice lo que hay que decir, y nada más; que tiene el adverbio justo, el verbo propio, y que clava el adjetivo como un rejón, de manera que queda vibrante, arraigado y seguro! No hay duda de que M. Paul Adam es uno de los maestros de la prosa contemporánea, en ese maridaje estupendo de la claridad con la energía, la vivacidad con la fiereza y el ímpetu con la ponderación.

Y este vigoroso que tiene la médula de un sabio y las alas de un artista, llena su misión con la mayor serenidad y tranquilidad, no lejos del sonoro y ronco maelstrom de París. Uno de los mayores bienes que su personalidad esparce, es ese continuo ejemplo de actividad, esa incesante campaña, esa inextinguible ansia de trabajar, y de trabajar bien. «La lucha por el pan, por el oficio de escritor y de periodista, salva a los fuertes de la abstracción

---

13 Sic.

estéril», dice M. Mauclair. Y dice bien. A pesar de su alejamiento de centros y camarillas, o por esto mismo, creo que se le respeta y se le reconoce como el más potente y el más noble. Al verle así, en su aislada residencia, sin mezclarse en las locuras y chismes y revueltas parisienses, cultivando su vasto talento con tanta voluntad y tanto tino, me suelo imaginar a uno de esos gentiles hombres de la campaña, que mientras la ciudad danza y se prostituye, siembran sus campos, tranquilos y laboriosos, y llenan, llenan sus trojes; y cuando la peste llega y llega el hambre a la ciudad, dan la limosna de sus graneros, abren sus depósitos, brindan sus almacenes.

Y quizá muy pronto tenga hambre Francia.

Max Nordau

Mi distinguido colega en *La Nación*, doctor Schimper, se ocupó el año pasado del primer volumen de *Entartung* de Max Nordau. Ha poco ha aparecido el segundo: la obra está ya completa. Una endiablada y extraña Lucrecia Borgia, doctora en medicina, dice en alemán, para mayor autoridad, con clara y tranquila voz, a todos los convidados al banquete del arte moderno: «Tengo que anunciaros una noticia, señores míos, y es que todos estáis locos». En verdad Max Nordau no deja un solo nombre, entre todos los escritores y artistas contemporáneos, de la aristocracia intelectual, al lado del cual nos estriba la correspondiente clasificación diagnóstica: «imbécil», «idiota», «degenerado», «loco peligroso». Recuerdo que una vez al acabar de leer uno de los libros de Lombroso, quedé con la obsesión de la idea de una locura poco menos que universal. A cada persona de mi conocimiento le aplicaba la observación del doctor italiano y resultábame que, unos por fas, otros por nefas, todos mis prójimos eran candidatos al manicomio. Recientemente una obra nacional digna de elogio, *Pasiones*, de Ayarragaray, llamó mi atención hacia la psicología de nuestro siglo, y presentó a mi vista el tipo del médico moderno que penetra en lo más íntimo del ser humano. Cuando la literatura ha hecho suyo el campo de la fisiología, la medicina ha tendido sus brazos a la región oscura del misterio.

Allá a lo lejos vense a Moliére y Lesage atacar a jeringazos a los esculapios. Había cierta inquina de los hombres de pluma contra los médicos, y el epigrama y la sátira teatral no desperdiciaban momento oportuno para caer sobre los hijos de Galeno. Sangredo había nacido, y no todo él del cerebro de su creador, pues sabemos por Max Simón que Sangredo vivió en carne y hueso en la personalidad del médico Hecquet. El mismo Max Simón hace notar la acrimonia especial con que el más ilustre de los poetas cómicos y el más grande de los novelistas de su época atacaron a los médicos. En uno y otro, dice, se nota un verdadero desprecio por el arte que profesan aquellos a quienes atacan. Moliére, irónico y fuerte, Lesage, injurioso y despreciativo, están siempre listos con sus aljabas. Monsieur Purgón, formalista, aparatoso y ciego de intelecto, y los dos Tomases Diafoirus aparecieron como encarnaciones de una ciencia tan aparatosa como falsa. Sangredo fue, según Walter Scott, el mismo Helvecio. En resumen, los ataques literarios se dirigían contra los doctores de sangría y agua tibia. Son los tiempos en que Hecquet publica *Le Brigandage de la Médicine*, en el cual están en su base los principios de Gil Blas, y en el que eran más que comunes diálogos a la manera del que en una obra del gran cómico sostienen Desfonandrés y Tomes.

Si los médicos del siglo XVII se enconaron con las bromas de Moliére, los del siglo XVIII no fueron tan quisquillosos con las sátiras de Lesage.[14] En nuestro siglo, la última gran campaña literaria, el movimiento naturalista dirigido por Zola, tiene por padre a un médico, Claudio Bernard. En tanto que la literatura investiga y se deja arrastrar por el impulso científico, la medicina penetra al reino de las letras; se escriben libros de clínica tan amenos como una novela. La psiquiatría pone su lente práctico en regiones donde solamente antes había visto claro la pupila ideal de la poesía. Ante el profesor de la Salpêtrière, junto con los estudiantes han ido los literatos. Y en el terreno crítico cierta crítica tiene por base estudios recientes sobre el genio y la locura: Lombroso y sus seguidores.

Guyau, el admirable y joven sabio, sacrificó en las aras de los nuevos ídolos científicos. Él comprobó, como un profesor que toma el pulso, el estado patológico de su edad, el progreso de fiebre moral siempre en crecimiento. Él juntó en un capítulo de un célebre libro a los neurópatas y delincuentes, como invasores, como conquistadores victoriosos en el reino de la literatura. «Et s'y font une place tous les jours plus grande» —decía de ellos. Como principal síntoma del mal del siglo, señala la manifestación de un hondo sufrimiento, el impulso al dolor, que en ciertos espíritus puede llegar hasta el pesimismo. El tipo que el filósofo presenta es aquel infeliz Imbert Galloix, cuya pálida figura pasará al porvenir iluminada en su dolorosa expresión por un rayo piadoso de la gloria de Victor Hugo. ¡Y bien! si la desgracia es desequilibrio, bien está señalado Imbert Galloix. Ese gran talento gemía bajo la más amarga de las desventuras. Sentirse poseedor del sagrado fuego y no poder acercarse al ara; luchar con la pobreza, estar lleno de bellas ambiciones y encontrarse solo, abandonado a sus propias fuerzas en un campo donde la fortuna es la que decide, es cosa áspera y dura. A propósito de un joven cubano poeta muerto recientemente en París —¡Augusto de Armas, uno de tantos Imbertos Galloix!— dice con gran razón

---

14   Max Simón.

el brillante Aniceto Valdivia: «Solo un temperamento de toro, como el de Balzac, puede soportar sin rajarse, el peso de ese mundo de desdenes, de olvidos, de negaciones, de injustos silencios bajo el cual ha caído el adorable poeta de *Rimes Byzantines*. La autopsia espiritual que del desgraciado joven ginebrino hace el sereno analizador sociólogo, me parece de una impasible crueldad».

Aquí de las comparaciones que ofrece la nueva ciencia penal, entre los desequilibrados, locos y criminales. Porque un cierto Cimmino, bandido napolitano, se ha hecho tatuar en el pecho una frase de desconsuelo, quedan condenados a la comparación más curiosamente atroz todos los admirables melancólicos que representan la tristeza en la literatura. El nombre de Leopardi, por ejemplo, aparecerá en la más infame promiscuidad con el de cualquier número de penitenciaria o de presidio, por obra de tal razonamiento de Lacassagne o de tal opinión de Lombroso. En las especializaciones de Max Nordau la falta de justicia se hace notar, agravándose con una de las más extrañas inquinas que pueden caber en crítico nacido. Bien trae a cuento Jean Thorel un caso gracioso que aquí citaré con las mismas palabras del escritor: «Recuerdo haber leído una vez en una revista inglesa un largo estudio, muy concienzudo, de argumentación apretada e irrefutable, que probaba —que no se contentaba con afirmar, sino que probaba con numerosos ejemplos— que Victor Hugo era un escritor sin talento y un execrable poeta. Para mejor convencer a sus lectores, el crítico que se había señalado la tarea de "demoler" a Victor Hugo, había tenido cuidado de acompañar cada una de sus citas de una notita que hacía conocer el título de la obra de que se había extraído la cita, con todas sus indicaciones accesorias, lugar y año de publicación, número de la edición, cifra de la página cuyo era el verso citado, etc. Y se tenía inmediatamente el sentimiento de que si en verdad se hallaba en tal página de tal libro, el mal verso que se acaba de leer en la revista, Victor Hugo era, realmente, un poeta lastimoso. Me decidí temblando a llevar a cabo esta verificación, y encontré que cada vez que el pícaro verso estaba en realidad en el libro indicado, descubría también al mismo tiempo que al lado de ese había diez, cien o mil versos que eran de una completa belleza». Tiene razón Jean Thorel. Max Nordau condena el poema entero por un verso cojo o luxado; y al arte entero, por uno que otro caso de morbosismo mental. Para estimar la obra de los escritores a quienes ataca, pues principalmente por los frutos declara él la enfermedad del árbol, parte de las observaciones de los alienistas en sus casos de los manicomios. Al tratar Guyau de los desequilibrados, hablaba de «esas literaturas de decadencia que parecen haber tomado por modelos y por maestros a los locos y los delincuentes». Nordau no se contenta con dirigir su escalpedo hacia Verlaine, el gran poeta desventurado o a uno que otro extravagante de los últimos cenáculos de las letras parisienses. Él sentencia a decadentes y estetas, a parnasianos y diabólicos, a ibsenistas y neomísticos, a prerrafaelistas y tolstoistas, wagnerianos y cultivadores del yo; y si no lleva su análisis implacable con mayor fuerza hacia Zola y los suyos, no es por falta de bríos y deseos, sino porque el naturalismo yace enterrado bajo el árbol genealógico de los Rougon-Macquart.

Una de las cosas que señala en los modernos artistas como signo inequívoco de neuropatía, es la tendencia a formar escuelas y agrupaciones. Sería deliciosamente peregrino que por ese solo hecho todas las escuelas antiguas, todos los cenáculos, desde el de Sócrates hasta el de N. S. Jesucristo y desde el de Ronsard hasta el de Victor Hugo, mereciesen la calificación inapelable de la nueva crítica científica.

Otras causas de condenación: amor apasionado del color: fecundidad: fraternidad artística entre dos; esta afirmación que nos dejará estupefactos, gracias a la autoridad del sabio Sollier: es una particularidad de los idiotas y de los imbéciles tener gusto por la música. Thorel señala una contradicción del crítico alemán que aparece harto clara. La música, dice éste, no tiene otro objeto que despertar emociones; por tanto, los que se entregan a ella son o están próximos a ser degenerados, por razón de que la parte del sistema nervioso que está dotada de la facultad de emotividad, es anterior atávicamente a la substancia gris del cerebro, que es la encargada de la representación y juicio de las cosas; y el progreso de la raza consiste en la superioridad que adquiere esta parte sobre la primera. Entretanto Nordau coloca entre los grandes artistas de su devoción a un gran músico: Beethoven. De más está decir que las ideas que Max Nordau profesa sobre el arte son de una estética en extremo singular y utilitaria. El carro de hierro, la ciencia, ha destruido según él los ideales religiosos. No va ese carro tirado, ciertamente, por una cuadriga de caballos de Atila. Y hoy mismo, en el campo de humanidad, después del paso del monstruo científico, renacen árboles, llenos de flores de fe. Tampoco el arte podrá ser destruido. Los divinos semilocos «necesarios para el progreso», vivirán siempre en su celeste manicomio consolando a la tierra de sus sequedades y durezas con una armoniosa lluvia de esplendores y una maravillosa riqueza de ensueños y de esperanzas.

Por de pronto, en «Degeneración», los números de hospital, entre otros, son los siguientes: Tolstoi —puesto que lleno de una santa pasión por el mujick, por el pobre campesino de su Rusia, se enciende en religiosa caridad y alivia el sufrimiento humano, queda señalado. Queda señalado también Zola, ese búfalo, Dante Gabriel Rossetti tiene su pareja en tal casa de orates, en tal lesionado que padece de alalia. Esto a causa de los motivos musicales de algunos de sus poemas que se repiten con frecuencia. Deben acompañar lógicamente en su desahucio, al exquisito prerrafaelista, los bucólicos griegos, los autores de himnos medioevales, los romancistas españoles y los innumerables cancioneros que han repetido por gala rítmica una frase dada en el medio o en el fin de sus estrofas. El admirado universalmente por su alta crítica artística, Ruskin, queda condenado: es la causa de su condenación el defender a Burne Jones y a la escuela prerrafaelista. En el proceso del libro, desfilan los simbolistas y decadentes. El ilustre jefe, el extraño y cabalístico Mallarmé con el pasaporte de su música encantadora y de sus brumas herméticas, no necesita más para el diagnóstico. Charles Morice, de larga cabellera y de grandes ideas, al manicomio. Lo mismo Regnier, el orgulloso ejecutante en el teclado del verso; Julio Laforgue, que con la introducción del verso falso ha hecho tantas exquisiteces; Paul Adam, que ya curado de ciertas exageraciones de juventud, escribe sus *Princesas bizantinas*; Stuart Merrill, prestigioso rimador yankee-francés; Laurent Tailhade, que resucita a Rabelais después de cincelar sus joyas místicas. No hay que negarle mucha razón a Nordau cuando trata de Verlaine con quien —en cuanto al poeta—, es justo. Mas el que conozca la vida de Verlaine y lea sus obras, tendrá que confesar que hay en ese potente cerebro, no el grano de locura necesario, sino la lesión terrible que ha causado la desgracia de ese «poeta maldito». En cuanto a Rimbaud —a quien un talento tan claro como el de Jorge Vanor coloca entre los genios—, tan orate como él, aunque menos confuso, y a

Tristan Corbière, a quien sus versos marinos salvan ... Después René Ghil y su tentativa de instrumentación, Gustavo Khan y su apreciación del valor tonal de las palabras son más bien —a mi ver— excéntricos literarios llevados por una concepción del arte, en verdad abstrusa y difícil. Y por lo que toca a Moréas, cuyo talento es sólido e innegable, y a quien por buena amistad personal conozco íntimamente, puedo afirmar que lo que menos tiene dañado es el seso. Risueño, poeta, conocedor de su París, ha sabido cortarle la cola a su perro, y, nada más.

Los wagnerianos van en montón, con el olímpico maestro a la cabeza. No oye el médico de piedra el eco soberbio de la floresta de armonías. Mientras Max Nordau escribe su diagnóstico, van en fuga visionaria Sigfrido y Brunhilda, Venus desnuda, guerreros y sirenas, Wotan formidable, el marino del barco-fantasma; y, llevado por el blanco cisne, alada góndola de viva nieve, rubio como un Dios de la Walhalla, el bello caballero Lohengrin.

Pláceme la dureza del clínico para con el grupo de falsos místicos que trastruecan con extravagantes parodias los vuelos de la fe y las obras de religión pura.

Así también a los que, sin ver el gran peligro de las posesiones satánicas que en el vocabulario de la ciencia atea tienen también su nombre —penetran en las oscuridades escabrosas del ocultismo y de la magia, cuando no en las abominables farsas de la misa negra. No hay duda de que muchos de los magos, teósofos y hermetistas están predestinados para una verdadera alienación.

Todos los médicos pueden testificar que el espiritismo ha dado muchos habitantes a las celdas de los manicomios.

Por la puerta del egoísmo entran los parnasianos y diabólicos, los decadentes y estetas, los ibsenistas, y un hombre ilustre que, desgraciadamente, se volvió loco: Federico Nietzsche. ¿El egoísmo es un producto de este siglo? Un estudio de la historia del espíritu humano, demostrará que no.

No ha habido mejor defensor del egoísmo bien entendido, en este fin de siglo, que Mauricio Barrés. Ya Saint-Simón, en la aurora de estos cien años, combatía el patriotismo en nombre del egoísmo. Y en el estado actual de la sociedad humana, ¿quién podrá extrañar el aislamiento de ciertas almas estilitas, de pie sobre su columna moral, que tienen sobre sí la mirada del ojo de los bárbaros?

Entre los parnasianos, si no cita a todos los clientes de Lemerre, que con el oro de la rima le repletaran su caja de editor millonario, señala al soberbio Theo, que va a su celda, agitando la cabellera absalónica y junto con él Banville, el mejor tocador de lira de los anfiones de Francia. ¿Y Mendés?

> On y recontre aussi Mendés
> À qui nul rythme ne resiste,
> Qu'il chante l'Olympe ou l'Ades.

También se encuentra allí Mendés, entre los degenerados, a causa de sus versos diamantinos y de sus floridas priapeas. Y al paso de los estetas y decadentes, lleva la insignia de capitán de los primeros Oscar Wilde. Si, Dorian Gray es loco rematado, y allá va Dorian Gray a su celda. No puede escribirse con la masa cerebral completamente sana el libro *Intentions*... Y lo que son los decadentes —¡Nordau como todos los que de ello tratan, desbarra en la clasificación!— van representados por Villiers de L'Isle-Adam, el hermano menor de Poe, por el católico Barbey d'Aureville... por el turanio Richepin; por Huysamans, en fin, lleno de músculos y de fuerzas de estilo, que personificara en Des Esseintes el tipo finisecular del cerebral y del quintesenciado, del manojo de vivos nervios que vive enfermo por obra de la prosa de su tiempo. Si sois partidarios de Ibsen, sabed que el autor de *Hedda Gabler* está declarado imbécil. No citaré más nombres de la larga lista.

Después de la diagnosis, la prognosis; después de la prognosis, la terapia. Dada la enfermedad, el proceso de ella; luego la manera de curarla. La primera indicación terapéutica es el alejamiento de aquellas ideas que son causa de la enfermedad. Para los que piensan hondamente en el misterio de la vida, para los que se entregan a toda especulación que tenga por objeto lo desconocido, «no pensar en ello». Cuando Ayarragaray entre nosotros señala el campo, la quietud, el retiro, «Cantaclaro» protesta. Nordau pasando sobre el hegelianismo y el idealismo trascendental de Ficht en persecución del «egoísmo morboso», explica etiológicamente la degeneración como un resultado de la debilidad de los centros de percepción o de los nervios sensitivos;

cuando trata de la curación debe permitir que sus lectores abran la boca en forma de O. Receta: prohibición de la lectura de ciertos libros, y, respecto a los escritores «peligrosos», que se les aleje de los centros sociales, ni más ni menos como a los lazarinos y coléricos. Y «¡horresco referens!» que de no tomar tal medida, se les trate exactamente como a los perros hidrófobos. Este seráfico sabio trae a la memoria al autor de la «Modesta proposición para impedir que los niños pobres sean una carga para sus padres y su país, y medio de hacerles útiles para el público». Ya se sabe cuál era ese medio que Swift proponía «with the tread and gaiety of an ogre», que dice Thackeray: comerse a los chicos. Mas cuando Max Nordau habla del arte con el mismo tono con que hablaría de la fiebre amarilla o del tifus; cuando habla de los artistas y de los poetas como de «casos», y aplica la thanathoterapia, quien le sonríe fraternalmente es el perilustre doctor Tribulat Bonhomet, «profesor de diagnosis», que gozaba voluptuosamente apretándoles el pescuezo a los cisnes de los estanques. Él, antes de la indicación del autor de *Entartung* había hecho la célebre «Moción respecto a la utilización de los terremotos». Él odiaba científicamente a «ciertas gentes toleradas en nuestros grandes centros, a título de artistas», «esos viles alineadores de palabras, que son una peste para el cuerpo social». «Es preciso matarlos horriblemente», decía. Y para ello proponía que se construyese en lugares donde fuesen frecuentes los temblores de tierra, grandes edificios de techos de granito; y «allí invitaremos para que se establezca a toda la inspirada "ribambelle de ces pretendus Reveurs", que Platón quería, indulgentemente, coronar de rosas y arrojarlos de su República». Ya instalados los poetas, los «soñadores», un terremoto vendría y el efecto sería el que caracterizaba Bonhomet con esta inquietante onomatopeya:

¡¡¡Krrra aa ak!!!

Pero el viejo Tribulat no era tan cruel, pues ofrecía dar a sus condenados a aplastamiento, horizontes bellos, aires suaves, músicas armoniosas. Por tanto, yo, que adoro al amable coro de las musas, y el azul de los sueños, preferiría, antes que ponerme en manos de Max Nordau, ir a casa del médico de Clara Lenoir, quien me enviaría al edificio de granito, en donde esperaría la hora de morir saludando a la primavera y al amor, cantando las rosas y las liras y besando en sus rojos labios a Cloe, Galatea o Cidalisa!

1905

Enrique Ibsen

No hace mucho tiempo han comenzado las exploraciones intelectuales al Polo. Ya Leconte de Lisle había ido a contemplar la Naturaleza y a aprender el canto de las runoyas; Mendés, a ver el Sol de medianoche y hacer dialogar a Snorr y Snorra, en un poema de sangre y de hielo. Después, los Nordenskjöid del pensamiento descubrieron en las lejanas regiones boreales seres extraños e inauditos; poetas inmensos, pensadores cósmicos. Entre todos, hallaron uno, en la Noruega: era un hombre fuerte y raro, de cabellos blancos, de sonrisa penosa, de miradas profundas, de obras profundas. ¿Estaba acaso en él el genio ártico? Acaso estaba en él el genio ártico. Parecería que fuese alto como un pino. Es chico de cuerpo. Nació en su país misterioso; el alma de la tierra, en sus más enigmáticas manifestaciones, se le reveló en su infancia. Hoy es ya anciano; ha nevado mucho sobre él; la gloria le ha aureolado, como una magnificente aurora boreal. Vive allá, lejos, en su tierra de *fjords* y lluvias y brumas, bajo un cielo de luz caprichosa y esquiva. El mundo le mira como a un legendario habitante del reino polar. Quiénes, le creen un extravagante generoso, que grita a los hombres la palabra de su sueño desde su frío retiro; quiénes, un apóstol huraño; quiénes, un loco. ¡Enorme visionario de la nieve! Sus ojos han contemplado las largas noches y el Sol rojo que ensangrienta la oscuridad invernal; luego miró la noche de la vida, lo oscuro de la Humanidad. Su alma estará amargada hasta la muerte.

Maurice Bigeon, que le ha conocido íntimamente, nos le pinta: «La nariz es fuerte: los pómulos, rojos y salientes; la barbilla, vigorosamente marcada; sus grandes anteojos de oro, su barba espesa y blanca, donde se hunde lo bajo del rostro, le dan l'air brave homme, la apariencia de un magistrado de provincia envejecido en el cargo. Toda la poesía del alma, todo el esplendor de la inteligencia, se han refugiado, aparecen en los labios finos y largos, un tanto sensuales, que forman en las comisuras una mueca de altiva ironía; en la mirada, velada y como abierta hacia adentro, ya dulce y melancólica, ya ágil y agresiva, mirada de místico y luchador, mirada turbadora, inquietante, atormentada, bajo la cual se tiembla, y que parece escrutar las conciencias. Y la frente, sobre todo, es magnífica, cuadrada, sólida, de potentes contornos; frente heroica y genial, vasta como el mundo de pensamientos que abriga. Y dominando el conjunto, acentuando todavía más esta impresión de animalidad ideal que se desprende de su fisonomía toda, una crinada cabellera blanca, fogosa, indomable...

»Un hombre, en resumen, de esencia especial, de tipo extraño, que inquieta y subyuga, cuyo igual es inencontrable; un hombre que no se podría olvidar, aunque se viviese cien años».

Pues todo hombre tiene un mundo interior, y los varones superiores tiénenlo en grado supremo, el gran escandinavo halló su tesoro en su propio mundo. «Todo lo he buscado en mí mismo, todo ha salido de mi corazón.»

Es en sí propio donde encontró el mejor venero para estudiar el principio humano. Hizo la propia vivisección. Puso el oído a su propia voz y los dedos al propio pulso. Y todo salió de su corazón. ¡Su corazón!

El corazón de un sensitivo y de un nervioso. Palpitaba por el mundo. Estaba enfermo de humanidad.

Su organización vibradora y predispuesta a los choques de lo desconocido se templó más en el medio de la naturaleza fantasmal, de la atmósfera extraña de la patria nativa. Una mano invisible le asió en las tinieblas.

Ecos misteriosos le llamaron en la bruma. Su niñez fue una flor de tristeza. Estaba ansioso de ensueños, había nacido con la enfermedad. Yo me lo imagino, niño silencioso y pálido, de larga cabellera, en su pueblo de Skien, de calles solitarias, de días nebulosos. Me lo imagino en los primeros estremecimientos producidos por el espíritu que debía poseerle, en un tiempo perpetuamente crepuscular o en el silencio frío de la noche noruega. Su pequeña alma infantil, apretada en un hogar ingrato; los primeros golpes morales en esa pequeña alma frágil y cristalina, las primeras impresiones que le hacen comprender la maldad de la tierra y lo áspero del camino por recorrer. Después, en los años de la juventud, nuevas asperezas. El comienzo de la lucha por la vida y la visión reveladora de la miseria social. ¡Ah!, él comprendió el duro mecanismo, y el peligro de tanta rueda dentada, y el error de la dirección de la máquina, y la perfidia de los capataces, y la universal degradación de la especie. Y su alma se hizo su torre de nieve. Apareció en él el luchador, el combatiente. Acorazado, casqueado, armado, apareció el poeta. Oyó la voz de los pueblos. Su espíritu salió de su restringido círculo nacional: cantó las luchas extranjeras, llamó a la unión de las naciones del Norte; su palabra, que apenas se oía en su pueblo, fue callada por el desencanto; sus compatriotas no le conocieron; hubo para él, eso sí, piedras, sátiras, envidia, egoísmo, estupidez: su patria, como todas las patrias, fue una espesa comadre que dio de escobazos a su profeta. De Skien a Grimstad, a Cristianía. De la mano de Welhaven, su espíritu penetra en el mundo de una nueva filosofía. Después del desencanto halla otra vez su joven musa cantos de entusiasmo, de vida, de amor. En los tiempos de las primeras luchas por la vida había sido farmacéutico. Fue periodista después. Luego, director de una errante compañía dramática. Viaja, vive. De Dinamarca vuelve a la capital de su país y se ocupa también en cosas de teatro. En su trato con los cómicos —tal Guillermo Shakespeare, comienza a entrever el mundo de su obra teatral. Está pobre; no le importa: ama. Se enloquece de amor; tanto se enloquece, que se casa. Una dulce hija del pastor protestante fue su mujer. Imagínome que la buena Daë Thoresen debe de haber tenido los cabellos del más lindo oro, y los ojos, divinamente azules.

Después de su *Catilina*, simple ensayo juvenil, el autor dramático surge. La antigua patria renace en *La castellana de Ostroett*; los que conocéis la obra ibseniana oiréis siempre el grito final de Dame Ingegerd, agonizante: «¿Lo que yo quiero? Un ataúd, un ataúd cerca del de mi hijo». Después, *Los guerreros de Helgeland*, esa rara obra de visionario. Recordad:

HJORDIS: El lobo, allí está, ¿lo ves?, allí. No me deja nunca; me tiene clavados sus ojos rojos, incandescentes. ¡Ah Sigurd es un presagio! Tres veces se me ha aparecido, y seguramente eso quiere decir que moriré esta noche.
SIGURD: ¡Hjordis! ¡Hjordis!
HJORDIS: Acaba de desaparecer allá, en el suelo. Ahora, ya lo sé.
SIGURD: ¡Oh Hjordis, ven, estás enfermo! Volvamos a casa.
HJORDIS: No; esperaré aquí. Tengo muy poco tiempo de vida.
SIGURD: Pero ¿qué tienes?

HJORDIS: ¿Qué tengo? No sé. Pero ya lo ves, tú has dicho la verdad hoy. Gunuar y Daquy están allí, entre nosotros. Dejémosles. Dejemos esta vida: así podemos vivir juntos.
SIGURD: ¿Podemos? ¿Tú lo crees?
HJORDIS: Desde el día en que has tomado otra mujer, yo estoy sin patria en este mundo, etc.

Los pretendientes a la corona, donde hay el admirable diálogo entre el poeta y el rey, y el cual tiene que haber influido muy directamente en la forma dialogal característica de Maeterlinck en sus dramas simbólicos, seguida en parte por Eugenio de Castro en su suntuoso *Belkiss*. Véase:

EL REY SKULE: Me hablarás de eso dentro de poco. Pero dime, Skalda, que has errado tanto por países extranjeros: ¿has visto una mujer que ame al hijo de otra? Y cuando digo amar, entiendo amar no con un sentimiento pasajero, sino amar con todas las ternuras del alma.
EL POETA JATGEIR: Eso no acontece sino a las mujeres que no tienen hijos.
EL REY: ¿A ellas solamente?
EL POETA: Sobre todo, a las que son estériles.
EL REY: ¿Sobre todo, a las que son estériles? ¿Aman entonces a los hijos de otra, con todas las ternuras de su alma?
EL POETA: Sí, a menudo.
EL REY: Y, ¿no es cierto? Sucede que esas mujeres estériles matan a los hijos de otra, despechadas de no haber tenido ellas.
EL POETA: Sí. Pero eso no es obrar prudentemente.
EL REY: ¿Prudentemente?
EL POETA: No, no es obrar prudentemente, porque dan a aquellos cuyos hijos matan el don del sufrimiento.
EL REY: Pero ¿crees tú que el don del sufrimiento sea una buena cosa?
EL POETA: Sí, señor.
EL REY: Islandés, hay como dos hombres en ti. Estás entre la muchedumbre, en algún alegre festín, y pones un manto sobre tus pensamientos.

Se está a solas contigo, y te asemejas a los raros a quienes voluntariamente se escogería por amigos. ¿Por qué es así?

EL POETA: Señor, cuando os queréis bañar en el río, no os desvestís cerca de donde pasan los que van a la iglesia, sino que buscáis un lugar solitario...

EL REY: Naturalmente.

EL POETA: ¡Y bien! Yo también tengo el pudor del alma, y por eso es que no me desvisto cuando hay tanta gente en la sala.

EL REY: ¿Eh? Cuéntame, Jatgeir, cómo has llegado a ser poeta y quién te ha enseñado la poesía.

EL POETA: Señor, la poesía no se aprende.

EL REY: ¡La poesía no se aprende! Entonces, ¿cómo has hecho?

EL POETA: He recibido el don del sufrimiento y así he llegado a ser poeta.

EL REY: Así, pues, ¿el don del sufrimiento es necesario al poeta?

EL POETA: Para mí fue necesario; pero hay otros a quienes ha sido concedida la alegría, la fe o la duda.

EL REY: ¿Aun la duda?

EL POETA: Sí; pero es preciso que sea la duda de la fuerza y de la salud.

EL REY: ¿Y cuál es la duda que no sea la de la fuerza y de la salud?

EL POETA: Es la duda que duda aun de su duda.

EL REY: Paréceme que eso debe de ser la muerte.

EL POETA: Es más horrible que la muerte misma: son las tinieblas profundas..., etc.

La *Comedia del amor* marca el humor fino que hay también en Ibsen, siempre a propósito de errores sociales, y es una puerta de libertad abierta al santo instinto humano de amor.

Con la hostilidad de los cómicos cuya dirección tenía y el clamor de odio y villanía que contra él alzaron unos cuantos periodistas, tuvo que mostrar hombros de hierro, cabeza resistente, puños firmes. Su tierra le desconocía, le desdeñaba, le odiaba, le calumniaba. Entonces sacudió el polvo de sus zapatos. Se va mordiendo versos contra el rebaño de tontos; se va, desterrado por la fosilizada familia de retardatarios y de puritanos. Así, más se ahonda en su corazón el sentimiento de la redención social.

El revolucionario fue a ver el Sol de oro de las naciones latinas.

Después de este baño solar nacieron las otras obras que debían darle el imperio del drama moderno y colocarle aliado de Wagner, en la altura del arte y del pensamiento contemporáneo. Él había sido el escultor en carne viva, en su propia carne. Animó después sus extraños personajes simbólicos, por cuyos labios saldría la denuncia del mal inveterado en la nueva doctrina. Los pobres tendrán en él un gran defensor. Es un propósito de redención el que le impulsa. Es un gigantesco arquitecto que desea erigir su construcción monumental para salvar las almas por la plegaria en la altura, de cara a Dios.

El hombre de las visiones, el hombre del país de los kobolds, encuentra que hay mayores misterios en lo común de la vida que en el reino de la fantasía; el mayor enigma está en el propio hombre. Y su sueño es ver la vida mejor, el hombre rejuvenecido, la actual máquina social despedazada. Nace en él el socialista; es una especie de nuevo redentor.

Así surgen *El pato salvaje*, *Nora*, *Los aparecidos*, *Un enemigo del pueblo*, *Rosmersholm*, *Hedda Gabler*. Escribía para la muchedumbre, para la salvación de la muchedumbre. La máquina recibía rudos golpes de su enorme martillo de dios escandinavo. Su martilleo se oye por todo el orbe. La aristocracia intelectual está con él. Se le saluda como a uno de los grandes héroes. Pero su obra no produce lo que él desea. Y su esfuerzo se vela de una sombra de pesimismo.

Fue a ver el Sol de las naciones latinas.

Y en las naciones latinas encuentra luchas y horrores, desastres y tristezas; su alma padece por la amargura de Francia. Llega un momento en que juzga muerta el alma de la raza. Mas no se va del todo la esperanza de su corazón. Cree en la resurrección futura: «¿Quién sabe cuándo la paloma traerá en su pico el ramo precursor? Lo veremos. Por lo que a mí toca, hasta ese día permaneceré en mi habitáculo enguatado de Suecia, celoso de la soledad, ordenando ritmos distinguidos. La multitud vagabunda se enojará, sin duda alguna, y me tratará de renegado; pero esa muchedumbre me espanta, no quiero que el lodo me salpique; y deseo, en traje de himeneo, sin mancha, aguardar la aurora que ha de venir». ¡Ah la pobre Humanidad perdida! Ese extraño redentor quiere salvarla, encontrar para ella el remedio del mal y la senda que conduce al verdadero bien. Pero cada instante que pasa le da la muerte a una ilusión. Los hombres están originalmente viciados. Su mismo organismo es un poco infectivo; su alma está sujeta al error y al pecado. Se va sobre lodazales o sobre cambroneras. La existencia es el campo de la mentira y el dolor. Los malos son los que logran conocer el rostro de la felicidad, en tanto que el inmenso montón de los desgraciados se agita bajo la tabla de plomo de una fatal miseria. Y el redentor padece con la pena de la muchedumbre. Su grito no se escucha, su torre no tiene el deseado coronamiento. Por eso su agitado corazón está de luto, por eso brotan de los labios de sus nuevos personajes palabras terribles, condenaciones fulminantes, ásperas y flagelantes verdades. Es pesimista por obra de la fuerza contraria. Él ha entrevisto el ideal como un miraje. Ha caminado tras él, ha despedazado sus pies en las piedras del camino, no ha logrado sino cosechas de decepciones; su *fatamorgana* se ha convertido en nada.

Y su progenie simbólica está animada de una vida maravillosa y elocuente. Sus personajes son seres que viven y se mueven y obran sobre la tierra, en medio de la sociedad actual. Tienen la realidad de la existencia nuestra. Son nuestros vecinos, nuestros hermanos. A veces nos sorprende oír salir de sus bocas nuestros propios íntimos pensamientos. Y es que Ibsen es el hermano de Shakespeare. El proceso shakespeareano de Léon Daudet tendría mejor aplicación si se tratase del gran escandinavo. Los tipos son observados, tomados de la vida común. La misma particularidad nacional, el escenario de la Noruega, le sirve para acentuar mejor los rasgos universales. Después, él, el creador, ha exprimido su corazón, ha sondeado su océano mental, ha penetrado en su oscura selva interior; es el buzo de la conciencia general, en lo profundo de su propia conciencia. Y había habido un día en que desde el vientre materno su alma se llenara de la virtud del arte. Su dolencia debía de ser la sublime dolencia del genio, de un genio peregrino, en que se juntarían las ocultas energías psíquicas de países remotos, en los cuales parece que se encontrase, en ciertas manifestaciones, la realidad del ensueño. Y ese «aristo», ese excelente, ese héroe, ese casi superhombre, había de hacer de su vida un holocausto; había de ser el apóstol y el mártir de la verdad inconquistable, un inmenso trueno en el desierto, un prodigioso relámpago en un mundo de ciegas pupilas. Y buscó los ejemplos del mal, por ser el ambiente del mal el que satura el mundo. Desde Job a nuestros días, jamás el diálogo ha sentido en su carne verbal los sacudimientos del espíritu que en las obras de Ibsen. Habla todo: los cuerpos y las almas. La enfermedad, el ensueño, la locura, la muerte, toman la palabra; sus discursos vienen impregnados de más allá. Hay seres ibsenianos en que corre la esencia de los siglos. Nos hallamos a muchos miles de leguas distantes de la literatura, esa agradable y alta rama de las bellas artes. Es un mundo distinto y misterioso, en que el pensador tiene la estatura de los arcángeles. Se siente, en lo oscuro vecino, una brisa que sopla de lo infinito, cuyo sordo oleaje oímos de tanto en tanto.

Su lenguaje está construido de lógica y animado de misterio. Es Ibsen uno de los que más hondamente han escrutado el enigma de la psique humana. Se remonta a Dios. Parte la fuente de su pensar de la montaña de las ideas primordiales. Es el héroe moral. ¡Potente solitario! Sale de su torre de hielo para hacer su oficio de domador de razas, de regenerador de naciones, de salvador humano; su oficio, ¡ay!, ímprobo, porque cree que no será él quien verá el día de la transfiguración ansiada.

No os extrañéis de que sobre su obra titánica floten brumas misteriosas. Como en todos los espíritus soberanos, como en todos los jerarcas del pensamiento, su verbo se vela de humareda cual las fisuras de las solfataras y los cráteres de los volcanes.

Consagrado a su obra como a un sacerdocio, es el ejemplo más admirable que puede darse en la Historia de la idea humana, de la unidad de la acción y del pensamiento.

Es el misionero formidable de una ideal religión, que predica con inaudito valor las verdades de su evangelio delante de las civilizadas flechas de los bárbaros blancos.

Si Ibsen no fuera un sublevado titán, sería un santo, puesto que la santidad es el genio en el carácter, el genio moral. Y ha sentido sobre su faz el soplo de lo desconocido, de lo arcano; a ese soplo ha obedecido su autoinvestigación en las tinieblas del propio abismo. Y va por la tierra en medio de los dolores de los hombres, siendo el eco de todas las quejas. Los versos al cisne, recordados por Bigeon, cantan así: «¡Cisne cándido, siempre mudo, en calma siempre! Ni el dolor ni la alegría pueden turbar la serenidad de tu indiferencia; protector majestuoso del Elfo que se aduerme, tú te has deslizado sobre las aguas sin jamás producir un murmullo, sin jamás lanzar un cántico.

»Todo lo que juntamos en nuestros pasos, juramentos de amor, miradas angustiosas, hipocresías, mentiras, ¡que te importaban! ¿Qué te importaban?

»Y, sin embargo, la mañana de tu muerte suspiraste tu agonía, murmuraste tu dolor...

»¡Y eras un cisne!»

El olímpico pájaro de nieve, cantado tan melancólicamente por el poeta ártico —y que en su ciclo surgiera de manera tan mágica y armoniosa por obra del dios Wagner— es para Ibsen nuncio del ultraterrestre enigma.

He ahí que la inviolada Desconocida aparecerá siempre envuelta en su impenetrable nube, fuerte y silenciosa; su fuerza, el fin de todas las fuerzas, y su silencio, la aleación de todas las armonías.

¿Cuál sería el poeta que, apoyado en el muro kantiano, ordenase con mayor soberanía el himno de la Voluntad? ¿Quién diría la voluntad del Mundo y el mundo de la Voluntad? Necesitaríase un Pitágoras moral. El noruego ha comprendido esa armonía, y sus cantos han sido seres vivos. Ha sido un intérprete de esa representación de Dios. Ha sido un incansable minador de prejuicios y ha ido a perseguir el mal en sus dos principales baluartes: la carne y el espíritu. La carne, que en su infierno contiene los indomables apetitos y las tormentosas consecuciones del placer; y el espíritu, que, presa de vacilaciones, o esclavo de la mentira, o arrebatado del pecado luciferino, cae también en su infierno.

Autoridad, constitución social, convenciones de los hombres engañados o perversos, religiones amoldadas a usos viciados, injusticias de la ley y leyes de la injusticia; todo el viejo conjunto del organismo ciudadano; todo el aparato de cultura y de progreso de la colectividad moderna; toda la grande y monstruosa Jericó oye sonar el desusado clarín del luminoso enemigo; pero sus muros no se conmueven, sus fábricas no caen. Por las ventanas y almenas adviértese cómo las caras rosadas de las mujeres que habitan la ciudad ríen y los hombres se encogen de hombros. Y el clarín enemigo suena contra los engaños sociales, contra los contrarios del ideal, contra los fariseos de la cosa pública, contra la burguesía, cuyo principal representante será siempre Pilatos; contra los jueces de la falsa justicia, los sacerdotes de los falsos sacerdocios; contra el capital, cuyas monedas, si se rompiesen, como la hostia del cuento, derramarían sangre humana; contra la explotación de la miseria, contra los errores del Estado, contra las ligas arraigadas desde siglos de ignominia para mal del hombre, y aun en daño de la misma Naturaleza; contra la imbécil canalla apedreadora de profetas y adoradora de abominables becerros; contra lo que ha deformado y empequeñecido el cerebro de la mujer, logrando convertirla, en el transcurso de un inmemorial tiempo de oprobio, en ser inferior y pasivo; contra las mordazas y grillos de los sexos; contra el comercio infame, la política fangosa y el pensamiento prostituido: así en Los aparecidos, así en *Hedda Gabler*, así en *Un enemigo del pueblo*, así en *Solness*, así en *Las columnas de la sociedad*, así en *Los pretendientes a la corona*, así en *La unión de los jóvenes*, así en *El pequeño Eyolf*.

El arcángel de la guarda del enorme escandinavo tiene por nombre Sinceridad. Otros hay que le escoltan, y se llaman Verdad, Nobleza, Bondad, Virtud. Suele también acompañarle el querubín Eironeia. Al final de *Las columnas de la sociedad*, Lona proclama la grandeza de la libertad y de la sinceridad. Camille Mauclair decía, al finalizar su conferencia sobre *Solness*, cuando Lugne-Poe hacía a París el servicio que acaba de hacer a Buenos Aires Alfredo de Sanctis: «Seamos sinceros delante de nosotros mismos, cuidémonos del demonio tonto». ¡Cuán elevado y provechoso consejo intelectual! Y Laurent Tailhade, al predicar a su vez las excelencias de *El enemigo del pueblo*, decía: «Si algo puede hacer perdonar al público de las primeras representaciones, mundanos y bolsistas, pilares de club y foliculários, bobos y snobs de todo pelaje, la asombrosa impericia que le distingue, el apetito monstruoso que muestra comúnmente para toda especie de chaturas, es la acogida que ha hecho desde hace tres años a los dos genios cuya amargura parece caber menos en lo que se llama tan justamente "el gusto francés"; me refiero a Ricardo Wagner y a Henrik Ibsen». Si esto ha sido aplicado a París, pongan oído atento los centros pensadores de otras naciones. Surjan las excelencias del gusto nacional y asciéndase a las altas cimas de la Idea y del Arte; escúchese la doctrina de los señalados maestros conductores, exorcísese con ideal agua bendita al tonto demonio.

Ibsen no cree en el triunfo de su causa. Por eso la ironía le ha cincelado su especial sonrisa. Pero ¿quién podría afirmar que no pueden llegar todavía a ser dorados por el fulgor de la esperada aurora los cabellos blancos e indomables de ese soberbio y hecatonquero precursor del porvenir?

José Martí
El fúnebre cortejo de Wagner exigiría los truenos solemnes del *Tannhauser*, para acompañar a su sepulcro a un dulce poeta bucólico irían, como en los bajorrelieves, flautistas que hiciesen lamentarse a sus melodiosas dobles flautas; para los instantes en que se quemase el cuerpo de Melesígenes, vibrantes coros de liras; para acompañar —ioh, permitid que diga su nombre delante de la gran sombra épica; de todos modos, malignas sonrisas que podáis aparecer, ya está muerto!...—; para acompañar, americanos todos que habláis idioma español, el entierro de José Martí necesitaríase su propia lengua, su órgano prodigioso lleno de innumerables registros, sus potentes coros verbales, sus trompas de oro, sus cuerdas quejosas, sus oboes sollozantes, sus flautas, sus tímpanos, sus liras, sus sistros. iSí, americanos: hay que decir quién fue aquel grande que ha caído! Quien escribe estas líneas, que salen atropelladas de corazón y de cerebro, no es de los que creen en las riquezas existentes de América... Somos muy pobres... Tan pobres, que nuestros espíritus, si no viniese el alimento extranjero, se morirían de hambre. iDebemos llorar mucho, por esto, al que ha caído! Quien murió allá, en Cuba, era de lo mejor, de lo poco que tenemos nosotros los pobres; era millonario y dadivoso; vaciaba su riqueza a cada instante, y como por la magia del cuento, siempre quedaba rico; hay entre los enormes volúmenes de la colección de *La Nación* tanto de su metal fino y piedras preciosas, que podría sacarse de allí la mejor y más rica escama. Antes que nadie, Martí hizo admirar el secreto de las fuentes luminosas. Nunca la lengua nuestra tuvo mejores tintas, caprichos y bizarrías. Sobre el Niágara castelariano, milagrosos iris de América. iY qué gracia tan ágil, y qué fuerza natural tan sostenida y magnífica!

Otra verdad aún, aunque pese más al asombro sonriente: eso que se llama el genio, fruto tan solamente de árboles centenarios; ese majestuoso fenómeno del intelecto elevado a su mayor potencia, alta maravilla creadora; el genio, en fin, que no ha tenido aún nacimiento en nuestras repúblicas, ha intentado aparecer dos veces en América: la primera, en un hombre ilustre de esta tierra; la segunda, en José Martí. Y no era Martí, como pudiera creerse, de los semigenios de que habla Mendés, incapaces de comunicar con los hombres porque sus alas los levantan sobre la cabeza de éstos, e incapaces de subir hasta los dioses porque el vigor no les alcanza y aún tiene fuerza la tierra para atraerlos. El cubano era «un hombre». Más aún: era como debería ser el verdadero superhombre: grande y viril, poseído del secreto de su excelencia, en comunión con Dios y con la Naturaleza.

En comunión con Dios vivía el hombre de corazón suave e inmenso; aquel hombre que aborreció el mal y el dolor; aquel amable león de pecho columbino, que, pudiendo desjarretar, aplastar, herir, morder, desgarrar, fue siempre seda y miel, hasta con sus enemigos. Y estaba en comunión con Dios, habiendo ascendido hasta Él por la más firme y segura de las escalas: la escala del Dolor. La piedad tenía en su ser un templo; por ella diríase que siguió su alma los cuatro ríos de que habla Rusbrock el Admirable: el río que asciende, que conduce a la divina altura; el que lleva a la compasión por las almas cautivas; los otros dos que envuelven todas las miserias y pesadumbres del herido y perdido rebaño humano. Subió a Dios por la compasión y por el dolor. ¡Padeció mucho Martí! Desde las túnicas consumidoras, del temperamento y la enfermedad, hasta la inmensa pena del señalado que se siente desconocido, entre la general estolidez ambiente; y, por último, desbordante de amor y de patriótica locura, consagróse a seguir una triste estrella: la estrella solitaria de la isla, estrella engañosa, que llevó a ese desventurado rey mago a caer de pronto en la más negra muerte!

¡Los tambores de la mediocridad, los clarines del patrioterismo tocarán dianas celebrando la gloria política del Apolo, armado de espada y pistolas, que ha caído, dando su vida preciosa para la Humanidad y para el Arte y para el verdadero triunfo futuro de América, combatiendo entre el negro Guillermón y el general Martínez Campos!

¡Oh Cuba! Eres muy bella, ciertamente, y hacen gloriosa obra los hijos tuyos que luchan porque te quieren libre; y bien hace el español de no dar paz a la mano por temor de perderte, Cuba admirable y rica y cien veces bendecida por mi lengua; mas la sangre de Martí no te pertenecía: pertenecía a toda una raza, a todo un continente; pertenecía a una briosa juventud, que pierde en él quizá al primero de sus maestros; ¡pertenecía al porvenir!

Cuando Cuba se desangró en la primera guerra, la guerra de Céspedes; cuando el esfuerzo de los deseosos de libertad no tuvo más fruto que muertes e incendios y carnicerías, gran parte de la intelectualidad cubana partió al destierro. Muchos de los mejores se expatriaron, discípulos de don José de la Luz: poetas, pensadores, educadores. Aquel destierro todavía dura para algunos que no han dejado sus huesos en patria ajena o no han vuelto ahora a la manigua. José Joaquín Palma, que salió a la edad de Lohengrin con una barba rubia como la de él, y gallardo como sobre el cisne de su poesía, después de arrullar sus décimas «a la estrella solitaria» de república en república, vio nevar en su barba de oro, siempre con ansias de volver a su Bayamo, de donde salió al campo a pelear después de quemar su casa. Tomás Estrada Palma, pariente del poeta, varón probo, discreto y lleno de luces, y hoy elegido presidente de los revolucionarios, vivió de maestro de escuela en la lejana Honduras; Antonio Zambrana, orador de fama justa en las repúblicas del Norte, que a punto estuvo de ir a las Cortes, en donde habría honrado a los americanos, se refugió en Costa Rica, y allí abrió su estudio de abogado; Eizaguirre fue a Guatemala; el poeta Sellén, el celebrado traductor de Heine, y su hermano, otro poeta, fueron a Nueva York a hacer almanaques para las píldoras de Lamman y Kemp, si no mienten los decires; Martí, el gran Martí andaba de tierra en tierra, aquí en tristezas, allá en los abominables cuidados de las pequeñas miserias de la falta de oro en suelo extranjero; ya triunfando, porque a la postre la garra es garra y se impone, ya padeciendo las consecuencias de su antagonismo con la imbecilidad humana; periodista, profesor, orador; gastando el cuerpo y sangrando el alma; derrochando las esplendideces de su interior en lugares en donde jamás se podría saber el valor del altísimo ingenio y se le infligiría además el baldón del elogio de los ignorantes, tuvo en cambio, grandes gozos: la comprensión de su vuelo por los raros, que le conocían hondamente; el satisfactorio aborrecimiento de los tontos; la acogida que «l'elite» de la prensa americana —en Buenos Aires y México— tuvo para sus correspondencias y artículos de colaboración.

Anduvo, pues, de país en país, y por fin, después de una permanencia en Centroamérica, partió a Nueva York.

Allá, en aquella ciclópea ciudad, fue aquel caballero del pensamiento a trabajar y a bregar más que nunca. Desalentado, él, tan grande y tan fuerte,

¡Dios mío!, desalentado en sus ensueños de arte, remachó con triples clavos dentro de su cráneo la imagen de su estrella solitaria, y dando tiempo al tiempo, se puso a forjar armas para la guerra a golpe de palabras y a fuego de idea. Paciencia, la tenía; esperaba y veía como una vaga *fatamorgana* su soñada Cuba libre. Trabajaba de casa en casa, en los muchos hogares de gentes de Cuba que en Nueva York existen; no desdeñaba al humilde: al humilde le hablaba como un buen hermano mayor aquel sereno e indomable carácter, aquel luchador que hubiera hablado como Elciis, los cuatro días seguidos, delante del poderoso Otón rodeado de reyes.

Su labor aumentaba de instante en instante, como si activase más la savia de su energía aquel inmenso hervor metropolitano. Y visitando al doctor de la Quinta Avenida, al corredor de la Bolsa, y al periodista, y al alto empleado de La Equitativa, y al cigarrero, y al negro marinero, a todos los cubanos neoyorquinos, para no dejar apagar el fuego, para mantener el deseo de guerra; luchando aún con más o menos claras rivalidades, pero, es lo cierto, querido y admirado de todos los suyos, tenía que vivir, tenía que trabajar; entonces eran aquellas cascadas literarias que a estas columnas venían y otras que iban a diarios de México y Venezuela. No hay duda de que ese tiempo fue el más hermoso tiempo de José Martí. Entonces fue cuando se mostró su personalidad intelectual más bellamente. En aquellas kilométricas epístolas, si apartáis alguna que otra ramazón sin flor o fruto, hallaréis en el fondo, en lo macizo del terreno, regentes y ko-hinoores.

Allí aparecía Martí pensador, Martí filósofo, Martí pintor, Martí músico, Martí poeta siempre. Con una magia incomparable hacía ver unos Estados Unidos vivos y palpitantes, con su Sol y sus almas. Aquella nación colosal, la sabana de antaño, presentaba en sus columnas, a cada correo de Nueva York, espesas inundaciones de tinta. Los Estados Unidos de Bourget deleitan y divierten; los Estados Unidos de Groussac hacen pensar; los Estados Unidos de Martí son estupendo y encantador diorama, que casi se diría aumenta el color de la visión real. Mi memoria se pierde en aquella montaña de imágenes pero bien recuerdo un Grant marcial y un Sherman heroico, que no los he visto más bellos en otra parte; una llegada de héroes del Polo; un puente de Brooklyn literario igual al de hierro; una hercúlea descripción de una exposición agrícola, vasta como los establos de Augías; unas primaveras floridas y unos veranos, ¡oh, sí!, mejores que los naturales; unos indios Sioux que hablaban en lengua de Martí, como si Manitu mismo los inspirase; unas nevadas que daban frío verdadero, y un Walt Whitman patriarcal, prestigioso, líricamente augusto, antes, mucho antes de que Francia conociera por Sarrazin al bíblico autor de las *Hojas de hierba*.

Y cuando el famoso Congreso panamericano, sus cartas fueron sencillamente un libro. En aquellas correspondencias hablaba de los peligros del yanqui, de los ojos cuidadosos que debía tener la América Latina respecto a la hermana mayor, y del fondo de aquella frase que una boca argentina opuso a la frase de Monroe.

Era Martí de temperamento nervioso, delgado, de ojos vivaces y bondadosos. Su palabra, suave y delicada en el trato familiar, cambiaba su raso y blandura en la tribuna por los violentos cobres oratorios. Era orador, y orador de gran influencia. Arrastraba muchedumbres. Su vida fue un combate. Era blandílocuo y cortesísimo con las damas; las cubanas de Nueva York teníanle en justo aprecio y cariño, y una Sociedad femenina había que llevaba su nombre.

Su cultura era proverbial; su honra intacta y cristalina; quien se acercó a él se retiró queriéndole.

Y era poeta, y hacía versos.

Sí; aquel prosista que, siempre fiel a la Castalia clásica, se abrevó en ella todos los días, al propio tiempo que por su constante comunión con todo lo moderno y su saber universal y políglota, formaba su manera especial y peculiarísima, mezclando en su estilo a Saavedra Fajardo con Gautier, con Goncourt —con el que gustéis, pues de todo tiene—; usando a la continua del hipérbaton inglés, lanzando a escape sus cuadrigas de metáforas, retorciendo sus espirales de figuras; pintando, ya con minucia de prerrafaelista las más pequeñas hojas del paisaje, ya a manchas, a pinceladas súbitas, a golpes de espátula, dando vida a las figuras; aquel fuerte cazador hacía versos, y casi siempre versos pequeñitos, versos sencillos —¿no se llamaba así un librito de ellos?—, versos de tristezas patrióticas, de duelos de amor, ricos de rima o armonizados siempre con tacto; una primera y rara colección está dedicada a un hijo, a quien adoró y a quien perdió por siempre: «Ismaelillo».

Los *Versos sencillos*, publicados en Nueva York, en linda edición, en forma de eucologio, tienen verdaderas joyas. Otros versos hay, y entre los más bellos, «Los zapaticos de rosa». Creo que, como Banville la palabra «lira», y Leconte de Lisle la palabra «negro», Martí, la que más ha empleado es «rosa».

Recordemos algunas rimas del infortunado:

I
¡Oh, mi vida que en la cumbre
Del Ajusco hogar buscó,
Y tan fría se moría
Que en la cumbre halló calor!
¡Oh, los ojos de la virgen
Que me vieron una vez,
Y mi vida estremecida
En la cumbre volvió a arder!

II
Entró la niña en el bosque
Del brazo de su galán,
Y se oyó un beso, otro beso,
Y no se oyó nada más.
Una hora en el bosque estuvo,
Salió al fin sin su galán:
Se oyó un sollozo; un sollozo,
Y después no se oyó más.

III
En la falda del Turquino
La esmeralda del camino
Los incita a descansar:
El amante campesino

En la falda del Turquino
Canta bien y sabe amar.
Guajirilla ruborosa,
La mejilla tinta en rosa
Bien pudiera denunciar,
Que en la plática sabrosa
Guajirilla ruborosa,
Callar fue mejor que hablar.

IV
Allá en la sombría,
Solemne Alameda,
Un ruido que pasa,
Una hoja que rueda,
Parece al malvado
Gigante que alzado
El brazo le estruja,
La mano le oprime,
Y el cuello le estrecha
Y el alma le pide—,
Y es ruido que pasa
Y es hoja que rueda;
Allá en la sombría,
Callada, vacía,
Solemne Alameda...
—¡Un beso! —¡Espera!
Aquel día
Al despedirse se amaron.
—¡Un beso! —Toma.
Aquel día
Al despedirse lloraron.

VI
La del pañuelo de rosa,

La de los ojos muy negros,
No hay negro como tus ojos
Ni rosa cual tu pañuelo.
Y este primoroso juguete:
De tela blanca y rosada
Tiene Rosa un delantal,
Y a la margen de la puerta
Casi, casi en el umbral,
Un rosal de rosas blancas
Y de rojas un rosal.
Una hermana tiene Rosa
Que tres años besó abril,
Y le piden rojas flores
Y la niña va al pensil,
Y al rosal de rosas blancas
Blancas rosas va a pedir.
Y esta hermana caprichosa
Que a las rosas nunca va,
Cuando Rosa juega y vuelve
En el juego el delantal,
Si ve el blanco abraza a Rosa
Si ve el rojo da en llorar.
Y si pasa caprichosa
Por delante del rosal,
Flores blancas pone a Rosa
En el blanco delantal.

Un libro, la *Obra escogida* del ilustre escritor, debe ser idea de sus amigos y discípulos.

Nadie podría iniciar la práctica de tal pensamiento como el que fue, no solamente discípulo querido, sino amigo del alma, el paje, o más bien «el hijo», de Martí: Gonzalo de Quesada, el que le acompañó siempre, leal y cariñoso, en trabajos y propagandas, allá en Nueva York y Cayo Hueso y Tampa. ¡Pero quién sabe si el pobre Gonzalo de Quesada, alma viril y ardorosa, no ha acompañado al jefe también en la muerte! Los niños de América tuvieron en el corazón de Martí predilección y amor.

Queda un periódico único en su género: los pocos números de un periódico que redactó especialmente para los niños. Hay en uno de ellos un retrato de San Martín que es obra maestra. Quedan también la colección de *Patria* y varias obras vertidas del inglés; pero todo eso es lo menor de la obra literaria que servirá en lo futuro.

Y ahora, maestro y autor y amigo, perdona que te guardemos rencor los que te amábamos y admirábamos, por haber ido a exponer y a perder el tesoro de tu talento. Ya sabrá el mundo lo que tú eras, pues la justicia de Dios es infinita y señala a cada cual su legítima gloria. Martínez Campos, que ha ordenado exponer tu cadáver, sigue leyendo sus dos autores preferidos: Cervantes y Ohnet. Cuba quizá tarde en cumplir contigo como debe. La juventud americana te saluda y te llora; pero, ¡oh maestro!, ¿qué has hecho?...

Y paréceme que con aquella voz suya, amable y bondadosa, me reprende, adorador como fue hasta la muerte del ídolo luminoso y terrible de la patria, y me habla del sueño en que viera a los héroes: las manos, de piedra; los ojos, de piedra; los labios, de piedra; las barbas, de piedra; la espada, de piedra...

Y que repite luego el voto del verso:

¡Yo quiero, cuando me muera,
Sin patria, pero sin amo,
Tener en mi losa un ramo
De flores y una bandera!

Eugenio de Castro
(Conferencia leída en el Ateneo de Buenos Aires),
Señor presidente, señoras, señores: Os saludo al comenzar esta conferencia sobre el poeta Eugenio de Castro y la literatura portuguesa. Es el asunto para mí gratísimo. Mi deseo es que al acabar de escuchar mis palabras llevéis con vosotros el encanto de un nuevo y peregrino conocimiento: el del joven ilustre que hoy representa una de las más brillantes fases del renacimiento latino, y que, como su hermano de Italia —el Ermete maravilloso— se mantiene en la consagración de su ideal «en la sede del arte severo y del silencio», allá en la noble y docta ciudad de Coimbra. Este nombre os despierta, desde luego, el recuerdo de una antigua vida escolar, los estudiantes tradicionales, la Fuente de los Amores, el Mondego, celebrado en los versos, y la figura dulce y trágica de aquella adorable señora que tuvo el mismo apellido que nuestro poeta: Inés de Castro, tan bella cuanto sin ventura. Es en aquella ciudad universitaria en donde ha surgido el admirable lírico que había de representar, el primero, a la raza ibérica, en el movimiento intelectual contemporáneo, que ha dado al arte espacios nuevos, fuerzas nuevas y nuevas glorias. Vogüe, que antes mirara el vuelo simbólico de las cigüeñas, anunciaba, no hace mucho tiempo, a propósito de la obra de Gabriele D'Annunzio, una resurrección del espíritu latino. Las arpas y las flautas sonaban del lado de Italia. Hoy la armonía se oye del lado de Iberia. Ya es un conjunto de músicas orientales; ya un son melodioso de siringa, semejante a los que la muerte ha venido a suspender en los labios del divino Panida de Francia, Paul Verlaine; ya un heráldico trueno de trompetas de plata, que avisa el paso de una caravana salomónica. ¿Conocéis al prestigioso Gama que corona Camöens de esplendorosas gemas poéticas en los triunfos de sus *Lusiadas*? Es el viajero casi mitológico que vuelve de los países recónditos a donde su valor y su sed de cosas desconocidas le han llevado. A semejanza de aquellos antiguos atrevidos navegantes portugueses que iban a las playas distantes de las tierras asiáticas y africanas en busca de tesoros prodigiosos y volvían con las perlas arábigas, los diamantes de Golconda, las resmas y aromas y ámbares recogidos en los misteriosos continentes y en los hechiceros archipiélagos, trayendo al propio tiempo la impresión de sus visiones en la realidad de las leyendas,

en las visitas a islas raras y penínsulas de encantamiento, Eugenio de Castro, bizarro y mágico Vasco de Gama de la lira, vuelve de sus incursiones a un Oriente de ensueño, de sus expediciones a los fantásticos imperios, a países del pasado, lleno de riquezas, dueño de raras piedras preciosas, conquistador y argonauta, vestido de suntuosos paramentos e impregnado de exóticos perfumes.

Señores: Mientras nuestra amada y desgraciada madre patria, España, parece sufrir la hostilidad de una suerte enemiga, encerrada en la muralla de su tradición, aislada por su propio carácter, sin que penetre hasta ella la oleada de la evolución mental de estos últimos tiempos, el vecino reino fraternal manifiesta una súbita energía; el alma portuguesa llama la atención del mundo, la patria portuguesa encuentra en el extranjero lenguas que la celebran y la levantan, la sangre de Lusitania florece en armoniosas flores de arte y de vida: nosotros, latinos, hispanoamericanos, debemos mirar con orgullo las manifestaciones vitales de ese pueblo y sentir como propias las victorias que consigue en honor de nuestra raza.

Es digno de todas nuestras simpatías ese bello y glorioso país de guerreros, de descubridores y de poetas. Una de las más gratas impresiones de mi vida ha sido la que produjo esa tierra en que florecen los naranjos. Lisboa, hermosa y real, frente a su soberbia bahía, un cielo generoso de luz, una tierra perfumada de jardines, una delicia natural esparcida en el ambiente, una fascinación amorosa que invita a la vida, altivez nativa, nobleza ingénita en sus caballeros, y en sus damas una distinción gentilicia como corona de la belleza. Y consideraba al hollar aquella tierra, las proezas de tantos hijos suyos famosos, Magallanes cuyo nombre quedó para los siglos en el extremo sur argentino, Alburquerque, el que fue a la lejana Goa, Bartolomé Díaz y la figura dominante, aureolada de fuegos épicos, del gran Vasco.

Y evocaba la obra de la lira, los ingenuos balbuceos en la corte de Alfonso Henriquez, en donde la linda doña Violante, antojábaseme harto cruel, con el pobre Egas Moniz, agonizante de amor, por aquel «corpo d'oiro»; los trovadores, formando sus ramilletes de serranillas; don Diniz, el rey poeta y sapiente, semejante a Alfonso de España, y a quien Camöens compara con el grande Alejandro:

Ei despois vem Diniz, que bem parece
Do bravo Affonso, estirpe nolbe e dina;
Con quen a fama grande se escurece
Da liberalidade Alexandrina:

Com este o reino próspero florece
(Alcaçeada já a paz áurea divina)
En constituiçoes, leis e costumes,
Na terra já tranquilla claros lumes.

Fez primeiro em Coimbra exercitar-se
O valeroso officio de Minerva;
E de Helicona as Musas fez passar-se
A pizar do Mondego a fertil herva
Quanto pode de Athenas desejar-se,
Tudo o soberbo Apollo aqui reserva:
Aqui as capellas dá tecidas de ouro,
Do bacharo e do sempre verde louro.

«Y después viene Dionisio, que bien parece del bravo Alfonso estirpe noble y digna; por quien la fama grande se oscurece de la liberalidad Alejandrina: Con éste el reino próspero florece (ya alcanzada la áurea paz divina) en constituciones, leyes y costumbres, e iluminan claras luces la ya tranquila tierra. Hizo primero en Coimbra que se ejercitase el valeroso oficio de Minerva; y las musas del Helicón por él fueron a pisar la fértil hierba del Mondego. Cuanto puede de Atenas desearse, todo el soberbio Apolo aquí reserva: Aquí da las coronas tejidas de oro y de siempre verde laurel.» Y luego los romanceros, el «Amadís» que despierta el «Quijote»; Mascías que muere por el amor, y tanto portalira que en tiempos propicios a las Musas las glorificaron en el suelo lusitano.

No había llegado aún a mis oídos el nombre de Eugenio de Castro, ni a mi mente el resplandor de su arte aristocrático. La literatura portuguesa ha sido hasta hace poco tiempo escasamente conocida. Existe cerca de nosotros un gran país, hijo de Portugal, cuyas manifestaciones espirituales son en el resto del continente completamente ignoradas; y hay, señores, en Portugal, y hay en el Brasil una literatura digna de la universal atención y del estudio de los hombres de pensamiento y de arte. En nuestra América española, el conocimiento de la literatura de lengua portuguesa se reduce al escaso número de los que han leído a Camöens, la mayor parte en malas traducciones y vaya por lo antiguo. En cuanto a lo moderno, se sabe que ha existido un Herculano gracias a los versos de Núñez de Arce, y un Eça de Queiroz, por un *Primo Basilio*, que ha esparcido a los cuatro vientos, en castellano, una feroz casa editora peninsular.

No era poco el triste asombro del eminente Pinheiro Chagas, cuando en Madrid en la hospitalaria casa del conde de Peralta oía de mis labios la lamentación de semejante indiferencia. ¡Pero qué mucho, si en España misma, a pesar del esfuerzo de propagandistas como la Pardo Bazán y Sánchez Moguel, el alma lusitana es tanto o más desconocida que entre nosotros! Y de Gil Vicente a nuestros días, hay un teatro vario y rico. De Sa de Miranda y Camöens, a Joao de Deus, el camino lírico está lleno de arcos triunfales. De Duharte Galvao a Alejandro Herculano la historia levanta monumentales y fuertes construcciones; la filosofía y la filología y la erudición están representadas por más de un nombre ilustre en los anales de la civilización humana; su lengua, que ha pasado por evoluciones distintas, ha llegado a ser en manos de Eugenio de Castro y de sus seguidores, el armonioso instrumento que nos da esas puras joyas del arte moderno, como *Sagramor* y *Belkiss*.

Este siglo tuvo mal comienzo para el pensamiento portugués. Sus alas no se abrieron en el aire angustioso que esparciera la tempestad napoleónica. ¿Qué figuras vemos aparecer en esa agitada época? Una especie de Quintana, José Agustín de Macedo, que sopla su hueca trompa; una especie de Ponsard, Aguiar Leitao, que se pavonea entre la pobreza y sequedad de sus tragedias; y el curioso y desjuiciado José Daniel, que a falta de Terencio y Plauto, se iba solo, por una senda poco envidiable. Manuel de Nascimiento,[15] arrojado por una tormenta política, estaba en París. El obispo Lobo, a quien se ha comparado con de Maistre, señala el principio de una nueva era. Almeida Garret, que como Nascimiento había ido a París y había sido ungido por Hugo, llevó a su país la iniciación romántica. Eugenio de Castro reconoce

---

15 Manuel do Nascimento (Lisboa, 1734-París, 1819).

en uno de sus escritos, cómo el fondo del alma portuguesa está impregnado de melancolía. Ciertamente, ese pueblo viril siente de modo hondo y particular el soplo de la tristeza. Los portugueses tienen esa palabra que indica una enfermiza y especial nostalgia, un sentimiento único, lleno de la más melancólica dulzura: «saudade». Tal sentimiento forma gran parte del espíritu de la poesía de Almeida Garret, que había llevado su barca sobre las mansas y sonoras olas del lago lamartiniano. Él es uno de los precursores del nuevo movimiento. Él marca un nuevo rumbo a la generación literaria, afianzando en un sólido fundamento clásico, pero con largas vistas hacia el futuro. El prefacio de *Doña Branca*, que Loiseau parangona con el de *Cromwell*, fue un manifiesto que señaló definitivamente la renovación. El sentimentalismo de los románticos y las caballerescas aventuras están de triunfo. Doña Branca está en el castillo morisco con una hada, y Adozinda, pura como un lirio de nieve, es perseguida, cual la memorable italiana, por el incestuoso fuego paternal. Almeida Garret —sin que intente defender la perfección de su obra— ha quedado como uno de los grandes románticos, que a comienzos de esta centuria han iniciado una revolución en formas e ideas en el arte de escribir. Antonio Feliciano de Castilho se presenta, «enfant sublime», con su áulico *Epicedion* a los quince años; su obra posterior, si es de un romántico declarado, como que procede inmediatamente de Nascimiento, arranca en su fondo de antiguas fuentes clásicas, a punto de que se haya nombrado a propósito de su *Primavera*, a Safo, Anacreonte y Ovidio. Y se yergue luego, altiva y majestuosa, la talla de quien, cuando cayó en la tumba, hizo brotar de la más bien templada lira castellana un célebre canto fúnebre: comprenderéis que me refiero a Alejandro Herculano. El gran historiador fue asimismo aficionado a las musas. Cuando vayáis por su jardín lírico, no dejéis de observar que por ahí ha pasado el Lamartine de las *Meditaciones*. Pero era un vigoroso, era un fuerte, y en la piedra fina y duradera de su prosa, supo construir más de un soberbio monumento. Si sus novelas y los que podíamos llamar con Galdós, *Episodios Nacionales*, son de notable valer, su fama se sienta sobre el pedestal de su obra histórica, al cual su violento liberalismo no alcanzó a producir raja alguna. Castello Branco dejó una producción copiosísima en donde se pueden encontrar algunos granos de oro. Nos hallamos en pleno período contemporáneo. La voz de Pinheiro

Chagas resuena. Magalhaes Lima va agitar a París la bandera portuguesa; brillan los nombres de Casal Ribeiro, Machado, Oliveira Martins y tantos otros, entre los cuales despide excepcional luz el del noble y egregio Teófilo Braga. Conocemos algunas poesías de Antero de Quental. Doña Emilia nos informa desde Madrid, de cuando en cuando, que existen tales o cuales liras lusitanas.

Leopoldo Díaz, hábil husmeador de elegantes novedades, nos traduce una que otra poesía portuguesa; nos comienzan a llegar los ecos de un renacimiento en las letras brasileras y en notables revistas jóvenes; y de pronto un clamor doloroso nos anuncia al mismo tiempo que la muerte de Verlaine, la del gran poeta Joao de Deus.

El viejo Joao de Deus, «el poeta del amor», a quien Louis Pitate de Brinn Gaubast no ha vacilado en llamar «un Verlaine con la pureza de un Lamartine», fue también un precursor de los artistas exquisitos que hoy han colocado a tan gran altura las letras portuguesas. Como en España, como entre nosotros, la exageración romántica, el lacrimoso, falso y grotesco lirismo personal que tuvo la fecundidad de una epidemia, halló en Portugal su falange en los seguidores de Palmeirim y Joao de Lemos.

Contra esos se opuso Joao de Deus, ayudado por el triste y malogrado Soares de Passos, que iniciaron algo semejante a la labor parnasiana de Francia, pero poniendo en el fondo del vaso buen vino de emoción. La obra de Joao de Deus, condénsala en pocas palabras Teófilo Braga: volvió a la elocución más ideal por la naturalidad; dio al verso la armonía indefectible por la concordancia de los acentos métricos con la acentuación de las palabras; hizo de la rima una sorpresa y al mismo tiempo un colorido vivo; combinó nuevas formas estróficas, renovando también el soneto y el terceto camonianos, con un tinte de gracia de los modismos populares. En la fábula de la «Cabra» o «Carneiro e o Cebado», resolvió magistralmente el problema presentado por los llamados nephelibatas,[16] de la remodelación de la estructura del verso; encontró que el verso puede quebrarse en los hemistiquios

---

16 El término nefelibata fue introducido por Afonso Henriques de Lima Barreto en su libro *Os Bruzundangas* y designa a los literatos alambicados. Dicho término nefelibata proviene del griego «nephele» (nube) y «batha», (andante); y se refiere a aquellos que «andan en las nubes».

más caprichosos, y aun sin sílabas definidas, pero siempre cayendo dentro de la armonía fundamental y orgánica del verso tal como el oído romántico lo estableció. La perfección de la forma no bastaba para que Joao de Deus ejerciese un influjo inmediato; sería admirado como artista, pero no tendría el invencible poder de sugestión en los espíritus. Además de esa perfección parnasista, sus versos expresan estados de alma, la pasión íntima, vaga y casi timorata de los antiguos trovadores; aspiraciones indefinidas, como las de los neoplatónicos o petrarquistas del Renacimiento; la unción mística, como la de los versos de los poetas extáticos españoles; y, finalmente, la sátira mordiente, como la de los «goliardos» y estudiantes de la tuna de las universidades medioevales, cuyo espíritu se advierte en las estrofas de «Dinheiro», la «Lata» y la «Marmelada». La impresión que produjo cuando la poesía caía desacreditada por las exageraciones ultra románticas, fue grande, se hizo sentir en una rápida transformación de gusto y esmero en los nuevos poetas. Con verdad y justicia, Joao de Deus fue proclamado el maestro de todos nosotros.

Muerto ese maestro ilustre, a quien con tanto amor celebra Teófilo Braga, y cuyos despojos se habían cubierto de blancas rosas frescas y de laureles, un joven le despide con un saludo glorioso, como se saluda a un pabellón, en el instituto de Coimbra. Ese joven era el mismo que enviara al féretro del consagrado cantor de amores, una corona de violetas y crisantemos, con esta leyenda: «A Joao de Deus, Eugenio de Castro». Le despide con nobleza y orgullo principales, salvando la esencia lírica del maestro. Su ofrenda fue la presentación verdadera de la obra de Joao de Deus, libre de las tachas y aglomeraciones perturbadoras que impone la crítica indocta y fácil en la incompetencia de sus admiraciones. Lamentó con una honda voz de artista puro, la belleza poluta por la brutalidad de la moderna vida, por las bajas conquistas de interés y de la utilidad. «El americanismo reina absolutamente: destruye las catedrales para levantar almacenes: derrumba palacios para alzar chimeneas, no siendo de extrañar que transforme brevemente el monasterio de Batalha en fábrica de conservas o tejidos, y los Jerónimos en depósito de carbón de piedra o en club democrático, como ya transformó en cuartel el monumental convento de Mafra. Las multitudes triunfantes aclaman al progreso; Edison es el nuevo Mesías; las Bolsas son los nuevos templos. El humo de las fábricas ya oscurece el aire; en breve dejaremos de ver el cielo!» Tal es la queja; es la misma de Huyssmans en Francia, la queja de todos los artistas, amigos del alma; y considerad si se podría lanzar con justicia ese Clamor de Coimbra, en este gran Buenos Aires que con los ojos fijos en los Estados Unidos, al llegar a igualar a Nueva York, podrá levantar un gigantesco Sarmiento de bronce, como la libertad de Bartholdi, la frente vuelta hacia el país de los ferrocarriles.

Ese artista que de tal manera exclama «¡en breve dejaremos de ver el cielo!», es uno de los más exquisitos con que hoy cuenta la moderna literatura europea, o mejor dicho, la moderna literatura cosmopolita. Pues existe hoy ese grupo de pensadores y de hombres de arte que en distintos climas y bajo distintos cielos van guiados por una misma estrella a la morada de su ideal; que trabajan mudos y alentados por una misma misteriosa y potente voz, en lenguas distintas, con un impulso único. ¿Simbolistas? ¿Decadentes? Oh, ya ha pasado el tiempo, felizmente, de la lucha por sutiles clasificaciones. Artistas, nada más, artistas a quienes distingue principalmente la consagración exclusiva a su religión mental, y el padecer la persecución de los Domicianos del utilitarismo; la aristocracia de su obra, que aleja a los espíritus superficiales, o esclavos de límites y reglamentos fijos. Entre las acusaciones que han padecido, ha sido la de la oscuridad. Se les adjudicó el imperio de las tinieblas. Las gentes que se nutren en los periódicos les declararon incomprensibles. En los países del Sol, se dijo: «son cosas de los países del Norte. Esos hombres trabajan en las nieblas; sigamos nuestras tradiciones de claridad». Y resulta por fin, que la luz también pertenece a esos hombres, y que los palacios sospechosos de encantamiento que se divisaban entre las brumas de Escandinavia y en tierras donde sueñan seres de cabellos dorados y ojos azules, alzan también sus cúpulas entre las fragancias y esplendores del mediodía, y en tierras en que los divinos sueños y las prodigiosas visiones penetran también por las pupilas negras.

En los tiempos que corren, dice de Castro, el diletantismo literario, ese joyero de piedras falsas, dejó de ser un monopolio de los burgueses, ha pasado hasta las más bajas clases populares. Cuando las otras ocupaciones intelectuales, la filosofía y el derecho, las matemáticas y la química, por ejemplo, son respetadas por el vulgo, no hay por ahí «boni frate» que no se juzgue con derecho de invadir el campo literario, exponiendo opiniones, distribuyendo diplomas de valer o de mediocridad.

Lo cierto es, sin embargo, que la literatura es solo para los literatos, como las matemáticas son solo para los matemáticos y la química para los químicos. Así como en religión solo valen las fes puras, en arte solo valen las opiniones de conciencia, y para tener una concienzuda opinión artística, es necesario ser un artista.

¿Ha tenido que luchar Eugenio de Castro? Indudablemente, sí. No conozco los detalles de su campaña intelectual; pero no impunemente se llega a tan justa gloria a su edad, ni se producen tan admirables poemas. La gloria suya, la que debe satisfacer su alma de excepción, no es por cierto la ciega y panúrgica fama popular, tan lisonjera con las medianías; es la gloria de ser comprendido por aquellos que pueden comprenderle; es la gloria en la comunidad de los «aristos». Su nombre no resuena sino desde hace poco tiempo en el mundo de los nuevos. Su «Oaristos» apareció hace apenas seis años. Después se sucedieron «Horas», «Sylva», «Interlunios». No he leído sus obras sino después que conocí al poeta por la crítica de Italia y Francia.

Abonado por Remy de Gourmont y Vittorio Pica, encontró abiertas de par en par las puertas de mi espíritu. Leí sus versos. Desde el primer momento reconocí su iniciación en el nuevo sacerdocio estético y la influencia de maestros como Verlaine. Y en veces su voz era tan semejante a la voz verleniana, que junté en mi imaginación el recuerdo de de Castro, al del amado y malogrado Julián del Casal un cubano que era por cierto el hijo espiritual de *Pauvre Lelian*. Eran versos de la carne y versos del alma, versos caldeados de pasión, o de fe; ya reflejos de la roja hoguera swinborniana o de los incensarios y cirios de «Sagesse».

Oíd:

«Tu frialdad acrece mi deseo: cierro los ojos para olvidarte, y cuanto más procuro no verte, cuanto más cierro los ojos, más te veo.

Humildemente tras de ti sigo, humildemente, sin convencerte, cuanto siento por mí crecer el gélico cortejo de tus desdenes.

»Sé que jamás te poseeré, sé que "otro" feliz venturoso como un rey abraza a tu virginal cuerpo en flor. Mi corazón entretanto no se detiene: aman a medias los que aman con esperanza: amar sin esperanza es el verdadero amor...»

Ya en «Horas» el tono cambia.

«No perpetuemos el dolor, seamos castos de una castidad elevada. Tú como Inés, la santa de los tupidos cabellos, yo como el purísimo san Luis Gonzaga. ¡La Pureza conviene a almas como las nuestras, las mucosas tientan solamente a las almas vulgares, la sonrisa con que me encantas sea rosa mística! y sean las miradas tuyas el argentino "pax tecum".

»No son ya tus gráciles gracias de doncella las que me cautivan. Del Arcángel la espada reluciente decapitó a la Lujuria que hiere y que hiela: lo que adoro es tu corazón.»

Después llegó a mis manos, en el *Mercure de France*, un poema simbólico y extraño, de un sentimiento profundamente pagano, hondo y audaz. *Sagramor* y *Belkiss* me hechizaron luego.

Sagramor comienza en prosa, en la prosa musical y artística de de Castro. Sagramor es un pastor al principio. Luego, caballero, recorrerá todas las cimas de la vida, en busca de la felicidad. Goza del amor, de las grandezas mundanas, de la variedad de paisajes y cielos, de las victorias de la fama: Como un eco del Eclesiastés debía repetirle a cada instante la vanidad de las cosas humanas. ¿Qué le consolará de la desesperanza, cuando ha hallado polvo y ceniza? Ni la ciencia, ni la luz del creyente, ni la voz de la triste Naturaleza. Hay una virgen fiel que podría salvarle y acogerle: la Muerte; pero la Muerte no le abre sus brazos. A través de soberbios episodios, en mágicos versos, desfila una sucesión de visiones y de símbolos que va a parar al oscuro reino de la invencible Desilusión, a la fatal miseria del Tedio. En lo más amargo del desencanto, Sagramor quiere consolarse con el recuerdo de su primera y dulce pasión, Cecilia, que apenas surge un instante, «creatura bella bianco vestita», y desaparece. Oíd las voces que llegan de tanto en tanto, a invitarle al goce de la existencia:

PRIMERA VOZ: O viandante que estáis llorando, ¿por qué lloras? Ven conmigo; reiremos cantando las horas. ¡Ven, no tardes; yo soy el Amor; quiero dar alas a tus deseos! ¡De lindas bocas, copas en flor, beberás dulces, suaves besos!

SAGRAMOR: ¿Besos...? Los besos, hojas vertiginosas, son venenos. Deshojan rosas sobre las bocas, pero abren llagas en el corazón...

SEGUNDA VOZ: He aquí oro, llénate de oro, toma, no llores... Con los ducados de este tesoro, tendrás palacios, gemas y flores... Mira, ve cuán rubio es el oro y cómo resplandece...

SAGRAMOR: ¿Oro...? ¿y para qué? La Felicidad no la vende nadie.

TERCERA VOZ: ¿Por qué lanzas tan lamentables quejas, con tan tétrico y angustioso tono? ¡Viajemos! gozaremos bellos días...

SAGRAMOR: El mundo es pequeño. Lo he recorrido ya todo.

CUARTA VOZ: Soy la Gloria, alegre genio de un radioso país solar ... ¡Tú serás el mayor poeta del mundo!

SAGRAMOR: Dicen que el mundo está para concluir...

QUINTA VOZ: Serás un sabio: desde mi albergue verás pronto aclarado todo.

SAGRAMOR: Si hubiera conservado mi ignorancia, no me habría sentido tan desventurado...

SEXTA VOZ: Yo soy la muerte victoriosa, madre del misterio, madre del secreto...

SAGRAMOR: ¡Oh, no me toques! ¡Vete! ¡Tengo miedo de ti!

SÉPTIMA VOZ: ¡Yo soy la vida! Ya que el morir te da miedo, te daré mil años.

SAGRAMOR: ¡No, Dios mío! ¡No he sufrido ya tantos atroces desengaños!

MUCHAS VOCES: ¿Quieres los más raros, los más dulces placeres? ¿Quieres ser estrella, quieres ser rey? Responde. ¿Qué quieres? No sé... No sé...

Un delicado poema suyo: —«La Monja y el Ruiseñor», que dedicó a su amigo el conde Robert de Montesquiou-Fezensac—, otro exquisito de Francia. Os traduciré fielmente esos preciosos versos.

De los argentinos plátanos a la sombra
La linda monja, que antes fuera princesa,
Deja vagar sus ojos por el paisaje...
Vese el monasterio, a lo lejos, entre las hojas...

Allá, en un balcón que domina las aguas,
Las otras monjas ríen, contemplando
El polífono mar, tan agitado,
Que de las olas los límpidos aljófares
Sobre la tela de los hábitos cintilan,
Dando a aquellas pobrecillas el aspecto
De reinas que se divierten en una boda.

La princesa real, que se hizo monja,
Que una corona trocó por cilicios,
Y las fiestas por la dulce paz del claustro,
Lejos de las compañeras sonrientes
Jamás a las diversiones de ellas se junta.
Cuando no duerme o reza, su vida
Es vagar por el encierro,
Tan ajena a sí misma, tan suspensa
Cual si las nieblas de un sueño atravesase...

La monja piensa...

Un día, siendo novicia,
Al despertar, sus claros ojos vieron
Cerca de sí un ruiseñor dulcísimo
Que le dijo:

«Soy yo, el alma tuya,
Que esta forma tomé, para, volando,

Recorrer distantes, luminosos países,
Cuyos prodigios mil y mil encantos
Vendré a contarte en las serenas noches..»

Entonces, el ruiseñor batió las alas;
Pero nunca más volvió a su dueña
Que por volverle a ver se desespera,
Sufriendo tanto que llorosa juzga
Haber tenido quizá dos almas,
Porque, huyendo la una, no sentiría
Tales penas, si no le quedase otra.
Apágase el día...

He aquí que al nacer la Luna
Entre las aves que vuelven a sus nidos
A la esbelta monja se acerca un ruiseñor
Mirándola y remirándola, hasta que rompe
En un argentino cantar:

«¿No me conoces?
Soy yo, tu alma... ten paciencia
Si de ti me he apartado por tanto tiempo.
¡Ah! Pero tú no calculas, amiga mía,
Cuán lindas cosas he visto, qué lindas cosas
Traigo que contarte...»

La paz de la noche
Se aterciopela por los tranquilos prados;
Y entonces la monja que en transporte lánguido
Parece oír allí celestes coros,
A la linda monja cuyos ojos mansos
Se van cerrando en mística voluptuosidad,
El airoso ruiseñor cuenta los viajes
Que hizo por las estrellas diamantinas...

¡Oh! ¡qué dulce cantar! Cantar tan lindo
Que el Sol nació, subió, y en fin hundióse,
Sin que la monja en su curso reparase
Toda abstraída al oír el divino canto...
¡Y el canto no termina! Y la Luna blanca
De nuevo surge en el aire, de nuevo expira,
Nuevamente el Sol brilla y palidece,
Y siempre el canto encanta a la monja.

El canto celestial la va llevando
Por divinos jardines maravillosos
Donde los pálidos ángeles sonrientes,
Con aéreos vestidos de perfumes,
Andan curando heridas mariposas.

Llévala el canto por la vía láctea,
Donde hay floresta, blancas, todas blancas,
Y donde en lagos de leche pasan cisnes
Arrastrando de los serafines extáticos
Las barcas de cristal llenas de lirios...

¡Y el ruiseñor no cesa! Cuenta, cuenta
Maravillas, prodigios, esplendores...
Y la linda monja, al oírlo, sueña, sueña...
Sin comer ni dormir, días y días...

¡Y el ruiseñor no cesa! Cuenta, cuenta
Maravillas, prodigios, esplendores...
Y la linda monja, al oirlo, sueña, sueña...
Sin comer ni dormir, días y días...
Muere por fin el otoño, llega el invierno,
Cae nieve, el frío corta, mas la monja
Solo oye al ruiseñor... y nada siente...

Muere el invierno, llega la primavera,
Retorna el verano y pasan meses,
Pasan años, ciclones, tempestades,
¡Y el ruiseñor no cesa! cuenta... canta...
Y la linda monja al oírlo, sueña, sueña...
¡Oh, qué delicia aquella! ¡Qué delicia!

De sus compañeras queda apenas
El frío polvo en las frías sepulturas,
Y el fuego destruyó todo el convento
—¡Y sin embargo, la monja no sabe nada!
Oyendo al ruiseñor no vio el incendio
Ni los dobles oyó que anunciaran
De las otras monjas la distante muerte...

Nuevos años se extinguen...

    Una guerra
Tuvo lugar allí, muy cerca de ella,
Que nada oyó ni vio, escuchando el canto:
Ni el funesto estridor de las granadas,
Ni los suspiros vanos de los moribundos,
Ni la sangre que a sus pies iba corriendo...

¡Un día, al fin, el ruiseñor se calló!
De los argentinos plátanos a la sombra
La monja despertó, suavemente

Y murió, como un niño que se duerme,
Mientras el ruiseñor volaba, ledo,
Para el país que tanto le deslumbrara ...

El ruiseñor había cantado trescientos años...

Si no habéis podido juzgar de la melodía original del verso, de seguro os habrá complacido esa deliciosa fábula. Si os fijáis bien, podréis encontrar que ese ruiseñor es hermano de aquel que oyó el monje de la leyenda; pero confesaréis que ambos pájaros paradisíacos cantan unánimes con igual divina gracia.

Y he aquí que llegamos a la obra principal de Eugenio de Castro, *Belkiss*, traducida ya a varios idiomas y celebrada como una verdadera obra maestra.

Léese en el «Libro de los reyes», en la parte del reinado de Salomón: *Et ingressa Jerusalem multo cum comitatu, et divitiis, camelis portantibus aromata, et aurum infinitum nimis, et gemmas pretiosas, venit ad regem Salomonen, et locuta est ei universa quae habebat in corde suo.* Y más adelante: «*Rex autem Salomon, dedit reginae Saba omnia quae voluit et petivit ab eo; exceptis his, quae ultro obtulerat ei numere regio. Quae reserva est, et abiit in terram suam cum servís suis*». Es esa reina de Saba, la Makheda de la Etiopía de cuya descendencia se gloria el negus Menelik, la Belkiss arábiga. Al solo nombrar a la reina de Saba sentiréis como un soplo perfumado de ungüentos bíblicos, miraréis en vuestra imaginación un espectáculo suntuoso de poderío oriental; tiendas regias, camellos enjaezados de oro, desnudas negras adolescentes con flabeles de plumas de pavosrreales; piedras preciosas y telas de incomparable riqueza. ¡Y bien! Eugenio de Castro ha evocado mágicamente la misteriosa y bella persona. La reina de Saba de Axum y del Hymiar se anima, llena de una vida ardiente, en fabulosas decoraciones, imperiosa de amor, simbólica víctima de una fatalidad irreductible.

Es un poema dialogado, en prosa martillada por un Flaubert nervioso y soñador, y en donde la reminiscencia de Maeterlink queda inundada en un torbellino de luz milagrosa, y en una armonía musical, cálida y vibrante. Lo pintoresco, las acotaciones, en su elegancia arqueológica nos llevan a recordar ciertas páginas, de *Herodias* o de la *Tentación de san Antonio*... Belkiss en sus suntuosos triunfos, habrá de padecer después el ineludible dolor. Para que David nazca ella pasará sobre la experiencia y sabiduría de Jophesamin, su mentor o ayo; y sentirá primero la tempestad de amor en su sexo y en su corazón; y hará el viaje a Jerusalén, entre prodigios y misterios, y sentirá por fin el beso del adorado rey, y temblará cuando contemple bajo sus pies las azucenas sangrientas.

Una sucesión de escenas fastuosas se desarrolla al eco de una wagneriana orquestación verbal. Puede asegurarse sin temor a equivocación, que los primeros «músicos», en el sentido pitagórico y en el sentido wagneriano, del arte de la palabra, son hoy Gabriel D'Anunnzio y Eugenio de Castro.

Quisiera daros una idea de ese poema —que ha rendido la indiferencia oficial en Portugal—, donde a los veintisiete años ha sido su autor elegido miembro de la Real academia de Lisboa, y que ha arrancado aplausos fraternales en todos los puntos del globo en que existen cultivadores del arte puro. Mas tendría que ser demasiado profuso, y prefiero aconsejaros, como quien recomienda una especie rara de flor, o un delicioso licor exótico, que leáis Belkiss, en la versión de Picea, en italiano, que es de todo punto admirable, o, en el bello librito arcaico impreso en Coimbra por Francisco Franca Amado. Y tened presente que hay que acercarse a nuestro autor con deseo, sinceridad y nobleza estéticas. Os repetiré las palabras del crítico italiano: «Ciertamente, la poesía de Eugenio de Castro es poesía aristocrática, es poesía decadente, y por lo tanto, no puede gustar sino a un público restricto y selecto, que, en los refinamientos de las ideas y de las sensaciones, en la variedad sabia y musical de los ritmos, halla una singular voluptuosidad del espíritu. El común de los lectores, acostumbrados a los azucarados jarabes de los poetitas sentimentales, o solamente de gusto austero y que no aprecian sino la leche y el vino vigoroso de los autores clásicos, vale más que no acerquen los labios a las ánforas curiosamente arabescadas y pomposamente gemadas de los cantos ya amorosos, ya místicos, ya desesperados del poeta de Coimbra; ya que en ellos está contenido un violento licor que quema y disgusta a quien no está hecho a las fuertes drogas de cierta refinada y excepcional literatura modernísima».

Se trata, pues, de un «raro». Y será asombro curioso el de aquellos que lean a Eugenio de Castro con la preocupación de moda de los que creen que toda obra simbolista es un pozo de sombra. *Belkiss* está lleno de luz.

Señores: He concluido esta conferencia sobre el poeta Eugenio de Castro y la literatura portuguesa.

Libros a la carta

A la carta es un servicio especializado para
empresas,
librerías,
bibliotecas,
editoriales
y centros de enseñanza;
y permite confeccionar libros que, por su formato y concepción, sirven a los propósitos más específicos de estas instituciones.

Las empresas nos encargan ediciones personalizadas para marketing editorial o para regalos institucionales. Y los interesados solicitan, a título personal, ediciones antiguas, o no disponibles en el mercado; y las acompañan con notas y comentarios críticos.

Las ediciones tienen como apoyo un libro de estilo con todo tipo de referencias sobre los criterios de tratamiento tipográfico aplicados a nuestros libros que puede ser consultado en Linkgua-ediciones.com.

Linkgua edita por encargo diferentes versiones de una misma obra con distintos tratamientos ortotipográficos (actualizaciones de carácter divulgativo de un clásico, o versiones estrictamente fieles a la edición original de referencia).

Este servicio de ediciones a la carta le permitirá, si usted se dedica a la enseñanza, tener una forma de hacer pública su interpretación de un texto y, sobre una versión digitalizada «base», usted podrá introducir interpretaciones del texto fuente. Es un tópico que los profesores denuncien en clase los desmanes de una edición, o vayan comentando errores de interpretación de un texto y esta es una solución útil a esa necesidad del mundo académico.

Asimismo publicamos de manera sistemática, en un mismo catálogo, tesis doctorales y actas de congresos académicos, que son distribuidas a través de nuestra Web.

El servicio de «libros a la carta» funciona de dos formas.

1. Tenemos un fondo de libros digitalizados que usted puede personalizar en tiradas de al menos cinco ejemplares. Estas personalizaciones pueden ser de todo tipo: añadir notas de clase para uso de un grupo de estudiantes,

introducir logos corporativos para uso con fines de marketing empresarial, etc. etc.

2. Buscamos libros descatalogados de otras editoriales y los reeditamos en tiradas cortas a petición de un cliente.

www.ingramcontent.com/pod-product-compliance
Lightning Source LLC
LaVergne TN
LVHW041333080426
835512LV00006B/436